湖北省公益学术著作
Hubei Special Funds 出版专项资金
for Academic and Public-interest
Publications

中国"时间银行"互助养老
公共政策过程探索

吴振东　著

武汉理工大学出版社
·武　汉·

图书在版编目(CIP)数据

中国"时间银行"互助养老公共政策过程探索/吴振东著.—武汉:武汉理工大学出版社,2024.6

ISBN 978-7-5629-6984-6

Ⅰ.①中… Ⅱ.①吴… ② Ⅲ.①养老-公共政策-研究-中国

Ⅳ.①D669.6

中国国家版本馆 CIP 数据核字(2024)第 009023 号

项目负责人:楼燕芳		责 任 编 辑:楼燕芳	
责 任 校 对:余士龙		排 版:天成图文	

出 版 发 行:武汉理工大学出版社

社 址:武汉市洪山区珞狮路 122 号

邮 编:430070

网 址:http://www.wutp.com.cn

经 销:各地新华书店

印 刷:湖北金港彩印有限公司

开 本:710×1000 1/16

印 张:10.25

字 数:168 千字

版 次:2024 年 6 月第 1 版

印 次:2024 年 6 月第 1 次印刷

定 价:68.00 元

前　言

在人口老龄化背景下，"时间银行"成为中国互助养老事业发展的新路径，并开始向志愿服务等领域延伸。虽然中国"时间银行"发展迅速，但是"时间银行"互助养老公共政策的发展相对滞后。虽然中国针对"时间银行"的研究日渐增多，却十分缺乏对"时间银行"互助养老公共政策过程的探索与研究。在这一背景下，加强对"时间银行"互助养老公共政策的过程探索与研究成为当下理论研究的新需求。

本书针对南京市和青岛市"时间银行"互助养老公共政策的发展过程进行了访谈研究，在实地调查和深度访谈的基础上，对中国"时间银行"互助养老公共政策过程进行了探索、分析与研究。

一是通过多源流理论，发现养老问题是推动中国"时间银行"互助养老公共政策进入政策制定议程的问题源流，《志愿服务条例》和中国养老服务相关政策成为推动"时间银行"互助养老公共政策进入制定议程的政策源流，中国共产党的领导和政府的主导是中国"时间银行"互助养老公共政策进入政策制定议程的政治源流，问题源流、政策源流和政治源流三流合一，开启了中国"时间银行"互助养老公共政策的制定流程。在南京市和青岛市"时间银行"互助养老公共政策制定的过程中，存在着部门利益冲突与政策合法化的阻碍，两地通过政策调研与理论研究，政府与相关各方多方参与，推动了"时间银行"互助养老公共政策的制定。

二是通过第三方治理理论和政策网络理论分析了中国"时间银行"互助养老公共政策执行过程中的主要活动，构建了"时间银行"互助养老公共政策执行组织体系。研究发现，南京市和青岛市"时间银行"互助养老公共政策的制定经历了政策试点、政策宣传和政策安全保障三个环节，通过参与人员身份筛查和保险机制的引入，避免了政策执行过程中的风险，提高了参与方的安全性，保障了相关利益。中国"时间银行"互助养老公共政策执行组织体系由政策社群、专业网络、府际网络、生产者网络和议题网络等构成。其中，政府及其他各部门组建了政策社群，发挥政策主导与管理的作用；第三方社会组织构建了专业网络，负责提供专业的业务指导与"时间银行"运行管理；区政府和街道构建了府际网络，发挥了中层管理与协调作用；养老服务机构构建了生产者网络，负责提供基础的"时间银行"服务，是最基层的政策执行者；专家学者、民众、媒体构建了议题网络，是意见的反馈方。

在对南京市和青岛市"时间银行"互助养老公共政策进行研究的基础上，发现中国"时间银行"互助养老公共政策具有三个特点：一是突显了中国共产党的领导和政府的主导；二是激发了社会力量的参与；三是采取了稳中有序的渐进发展方式。研究发现，中国"时间银行"互助养老公共政策过程中存在三个问题：一是对"时间银行"的概念与政策的认识不足；二是"时间银行"互助养老公共政策的评估体系有待健全；三是"时间银行"互助养老公共政策的监控体系尚不成熟。

结合对南京市和青岛市"时间银行"互助养老公共政策过程的研究，本书从南京市、青岛市层面和全国层面就"时间银行"互助养老公共政策提出了几点建议。针对南京市和青岛市"时间银行"互助养老公共政策，本书提出利用合作共产理论，提升对"时间银行"概念与政策价值的认识层次，健全对"时间银行"互助养老公共政策的评估，强化对"时间银行"互助养老公共政策的监控等建议。在全国层面，本书提出三点展望：一是自上而下与自下而上相结合,以共建共治共享推进中国"时间银行"互助养老公共政策的快速发展;二是将"时间银行"互助养老公共政策与其他配套政策相结合,以大政策体系保障事业发展;三是将"时间银行"互助养老公共政策研究与实践相结合,以点带面,促进更多"时间银行"互助养老公共政策的落地。

目　　录

第一章 引　言

一、研究背景

本研究基于以下三方面的背景展开：

一是人口老龄化背景下，"时间银行"成为中国互助养老的新路径。人口老龄化是世界各国都需要面对的问题，20世纪末，中国已进入老年型社会，21世纪，中国将处在不可逆转的老龄社会中（陈功，2009）。与发达国家相比，中国人口基数大、老年人口多，人口老龄化发展速度快，且伴随着"未富先老"和"未备先老"，人口老龄化将对中国的社会、经济、政治、文化发展产生深刻的影响。在这一人口发展趋势下，积极应对人口老龄化，探索应对的新路径与新方法，成为中国各级政府的新使命。

在中国，"时间银行"作为舶来品，成为积极应对人口老龄化的一种新路径和新方法（陈功，2019）。在"时间银行"的来源方面，陈功、杜鹏等人（2001）认为，国内对"时间银行"的认识是从"时间储蓄"一词开始的。中国老龄科研中心的工作人员曾到马耳他学习，就中外老龄问题与外国学者进行研讨交流，之后将国外的这一概念引入中国，并将"Time Bank"一词翻译成"时间银行"，将"Timesaving"翻译为"时间储蓄"。在应对人口老龄化的背景下，"时间银行"概念引入我国后不断发展，一些地方政府积极探索互助养老事业发展的新路径。例如，我国较早的"劳务银行"成立于1998年4月，地点在上海市虹口区提篮桥街道，创立的宗旨是推动低龄老人为高龄老人服务，并形成良性的互助循环（周海旺、沈妍，2013）。1998年底，山西省太原市相继成立了养老服务"时间银行"，成立的目的是推动退休的低龄老年人为高龄老年人提供帮扶,构建养老互助机制。此外,在北京等地先后也开展了"时间银行"互助养老(穆光宗,1999)。之后,广州、南京、武汉、深圳等地开始不断出现"时间银行"项目和"时间银行"机构。我国"时间储蓄"和"时间银行"多是从养老的角度开展研究与应用的,因此我国"时间银行"的发展与应用更多地集中于互助养老。有学者统计发现,仅在2008—2016年,至少有31家"时间银行"成立,且在这8年间,每年都至少有一家新的"时间银行"成立(陈功、黄国桂,2017),而到了2019年,我国"时间银行"机构至少有146家,基本上实现了在全国范围内的全覆盖(索浩宇、吴振东、陈功,2019)。由此可见,在我国积极应对人口老龄化的时代背景下,"时间银行"发展迅速,正成为国家与各地政府广泛关注的互助养老新路径与新工具。

二是虽然"时间银行"发展迅速,但"时间银行"互助养老公共政策的发展相对滞后。我国政府高度重视"时间银行"的发展,出台了多个政策鼓励开展"时间银行"志愿服务(吴振东、郭奕冲等,2019)。在地方层面,最早的"时间银行"互助养老政策可以追溯到1999年制定的《上海老年生活护理互助会(试点)管理办法》;浙江省较早在政策中体现了"时间银行"的发展,其在《浙江省城市社区建设指导纲要(2003—2010年)》中首次提出,到2005年,50%以上的社区建立"公益服务时间银行";2005年,浙江省杭州市出台了《杭州市服务业发展规划(2006—2010年)》,提出探索建立"时间银行""服务储蓄"等社区志愿服务激励制度;2009年,广州市越秀区制定了《越秀区养老服务储蓄制度(试行)》。在1999—2009年这十年间,我国出台的"时间银行"互助养老公共政策屈指可数。之后,我国"时间银行"互助养老公共政策的发展明显增速,各地"时间银行"互助养老公共政策开始不断涌现,例如,2012年,浙江省慈溪市出台了《古塘志愿义工联合银行管理制度》,湖北省阳新县出台了《建立"时间银行"爱心助老服务储蓄制度实施方案》;2018年,江西省南昌市出台了《东湖区居家养老志愿服务"时间银行"管理办法》,湖北省武汉市出台了《武汉市推进"互联网＋居家养老"新模式实施方案》;2019年,江苏省南京市率先出台了我国第一部市级层面的"时间银行"互助养老公共政策,即《南京市养老服务时间银行实施方案(试行)》;紧接着,2020年,山东省青岛市也出台了市级层面的"时间银行"互助养老公共政策,即《青岛市养老服务时间银行实施方案(试行)》。

与此同时,国家层面也不断出台相关宏观政策。2012年,民政部下发了《志愿服务记录办法》,选取全国100多个地方开展公益储蓄实践,明确提出有良好志愿服务记录的志愿者可以获得多方面的优待并鼓励有关单位在招生、招聘时,同等条件下优先录用、聘用和录取有良好志愿服务记录的志愿者;2015年,中央文明办、民政部、教育部、共青团中央共同出台《关于规范志愿服务记录证明工作的指导意见》;2016年,《城乡社区服务体系建设规划(2016—2020年)》颁布,规划明确提出:在城乡社区推行志愿者星级认定和嘉许制度,健全"爱心银行""时间银行"等志愿服务回馈制度,推进社区志愿服务经常化和常态化;2017年,《志愿服务条例》颁布,志愿服务、志愿储蓄等在其中均有不同程度的体现,志愿服务开始迈向法制化建设阶段;同年,《"十三五"国家老龄事业发展和养老体系建设规划》出台,提出推行志愿服务记录制度以及"志愿储蓄";2019年2月,国家发展改革委、民政部、国家卫生健康委联合出台《城企联动普惠养老专项行动实施方案(试行)》,提出建立"时间银行"制度,积极做好志愿者培育工作,定期组织志愿者团队开展养老志愿服务活动;2019年4月,国务院办公厅发布《关于推进养老服务发展的意见》,提出积极探索"学生社区志愿服务计学分"等做法;2019年11月,"时间银行"成为《国家积极应对人口老龄化中长期规划》

中能力评价方面的重要指标。

梳理上述政策发现,不论地方层面还是国家层面,都是由政府主导"时间银行"互助养老政策的制定与发展,地方层面政策制定与发展的速度跟不上地方"时间银行"机构数量增长的速度,国家层面的"时间银行"互助养老政策一般都包含在其他政策内,对"时间银行"发展的规范等内容的规定过于笼统,缺乏系统性、科学性、针对性的政策。总之,我国"时间银行"互助养老公共政策实践进程仍有发展与完善的空间。

三是虽然国内"时间银行"相关的研究日渐增多,但对"时间银行"互助养老政策过程的研究严重匮乏。通过知网论文检索,发现以"时间银行"为主题词,国内研究"时间银行"的期刊论文与硕博士学位论文已接近上千篇,但是尚未发现一篇关于"时间银行"互助养老政策过程的针对性研究,更多的只是在"时间银行"研究中提及要完善政策或加强政策制度建设,直接以"时间银行政策"为主题词,无法检索到相关文献。国内"时间银行"互助养老公共政策过程研究严重匮乏,因此,既然需要从实践层面推动"时间银行"互助养老公共政策发展,也需要从理论研究层面促进实践层面政策完善,这些是当前我国"时间银行"的发展中急需解决的问题。而对于我国"时间银行"互助养老公共政策研究应该从哪几个方面入手,用什么分析方法与理论依据,不同地区的政策内容与政策过程有什么不同,政府主导制定的"时间银行"互助养老政策在制定、执行、评估、变迁等过程中有什么特点等问题,需要进行系统性的研究。在这一研究需求下,本书将围绕我国"时间银行"互助养老公共政策的过程展开相关研究,以期为我国"时间银行"互助养老公共政策的制定、发展与完善提供理论与实践支持。

二、研究问题

根据上述背景回顾,结合理论研究的不足和现实发展的需要,本书围绕政府制定"时间银行"互助养老政策的过程进行研究分析,聚焦于政府制定的"时间银行"互助养老公共政策的研究分析而非某个"时间银行"机构内的规章、规定,以我国目前仅有的市级"时间银行"专门公共政策为切入点,即对南京市和青岛市的"时间银行"互助养老公共政策进行深度访谈与调查研究,围绕两地"时间银行"互助养老公共政策过程这一主线,详细研究两地公共政策的实践情况,分析在这条主线下我国"时间银行"互助养老公共政策当前体现出的特点和不足,结合我国国情与时代发展需求提出完善我国"时间银行"互助养老公共政策过程的建议。根据上述研究脉络,本书主要从以下几个方面展开:

(1)我国"时间银行"互助养老公共政策的开启,即南京市和青岛市为什么要制定"时间银行"互助养老公共政策,南京市和青岛市"时间银行"互助养老公共政策的政策之窗是如何开启的。

(2)我国"时间银行"互助养老公共政策过程的特点,即南京市和青岛市"时间银行"互助养老公共政策过程有哪些环节,其政策制定与执行环节有何特点。

(3)当前我国"时间银行"互助养老公共政策过程有哪些不足,应该如何完善。

三、研究意义

"时间银行"作为一种新机制与新模式,能够为我国积极应对人口老龄化、促进社会融合发展和丰富社会治理方式提供新路径。从早期上海、北京、广州、南京等地的实践来看,我国部分地区的"时间银行"机构已无法查询,这一现象体现了"时间银行"发展机制与政策保障体系的缺失。"时间银行"作为一种新的模式,最早是从社区互助养老的角度引入的,虽然我国"时间银行"的实践发展相对较快,但政策发展相对落后。从当前我国已出台的"时间银行"互助养老政策的内容与方向看,"时间银行"互助养老公共政策主要聚焦于互助养老事业,缺乏宏观层面的具体政策规范,仅有少数地方政府制定了专门的公共政策。因此,对已有的"时间银行"互助养老公共政策过程进行研究,不仅对丰富"时间银行"的理论研究具有重要意义,对我国"时间银行"互助养老公共政策实践的发展也具有重要的现实意义。

1. 理论意义

本书丰富了我国"时间银行"互助养老公共政策理论研究,为国内"时间银行"互助养老公共政策的发展、公共政策的比较研究和实证研究提供了新的内容。"时间银行"得到了我国各级政府的高度重视,不仅各地政府在宏观层面颁布了相关法律法规和政策规章,在微观层面也相应出台了相关条例与办法,部分机构还出台了"时间银行"运行的具体规章与规范。本书旨在从南京市和青岛市"时间银行"互助养老公共政策过程实践研究的层面进一步丰富我国"时间银行"互助养老公共政策的理论研究范围,首次尝试探索我国"时间银行"互助养老公共政策议程是如何开启的,以及实践中如何制定科学的"时间银行"互助养老公共政策。此外,本书还力求阐明"时间银行"互助养老公共政策执行中的主要环节和"时间银行"互助养老公共政策执行组织体系,分析执行过程中的难点和地方政府克服这些难点的实践经验,通过深度访谈,为我国"时间银行"互助养老公共政策过程的理论研究提供更多实证研究素材。

2. 实践意义

本书通过对我国已有的"时间银行"互助养老公共政策过程进行调查研究,从两个层面体现实践意义:一是进一步推动我国已有的"时间银行"互助养老公共政策过程不同环节的完善,以"时间银行"互助养老公共政策过程的理论研究进一步指导南京市和青岛市"时间银行"互助养老公共政策过程的规范发展,为政府主导下两地"时间银行"互助养老公共政策的发展提供具体、可行的政策建议与实践指导。二是为未来其他地区政府在"时间银行"互助养老公共政策制定、执行的顶层设计上提供决策依据和决策参考,促进我国"时间银行"互助养老公共政策实践层面的全面发展和可持续发展;同时,以南京市和青岛市市级层面的"时间银行"互助养老公共政策过程研究为基础,为今后国家宏观层面"时间银行"互助养老公共政策的出台提供实践参考。

第二章　文　献　综　述

一、相关概念

1."时间银行"

"时间银行"的概念起源于西方,最早是从劳动货币(labor currency)、时间美元(time dollar)、时间积分(time credit)、社区货币(community currency)等概念转变而来,后由美国学者埃德加·卡恩(Edgar S. Cahn)在"时间美元"的基础上正式提出。埃德加·卡恩将"时间银行"定义为一种让人们用时间与技能代替金钱的新的交换模式,该模式成为市场分配和政府分配以外的新的社会分配路径。当人们加入"时间银行"后,他们赚取和支出的均为"时间积分",个人每帮助他人1小时,可获得1个时间服务积分,需要他人帮助时,可以使用日常积累的时间服务积分进行兑换,从而实现人们的互助,集聚人力资本,促进社会发展(陈功、吴振东,2021)。1995年,为了促进"时间银行"机制的发展,埃德加·卡恩着手创立了美国"时间银行"(Time Banks USA)组织,该组织后成为美国和世界其他国家"时间银行"的孵化器和推动者(Edgar S. Cahn、Christine Gray,2015)。

之后,不同的学者对"时间银行"进行了不同的定义,有些学者从功能、机制、模式的角度理解"时间银行"概念。有学者认为"时间银行"是一种创新机制,用于引导非正式的社会支持,并使受社会排斥的群体参与社区活动,以促进社会包容(Seyfang,2003)。Valek L 等人(2013)认为"时间银行"不是一种可以替代传统货币经济的制度,它可以改善传统货币经济,并赋予其更多的维度,从而对人类的生活产生积极的影响。Kyungsik Han

等人（2015）认为"时间银行"是指以社区为基础的志愿服务。
Eleni Papaoikonomou 等人（2017）认为"时间银行"受制于多个
逻辑，采用不同的定价和计算制度。陈功、杜鹏等人（2001）认为
"时间银行"的实质是延期支付个人的劳动成果，而从社会学的
角度来看，其又是中国邻里互助关系的一种扩大化、制度化，更
是中国相互关爱的人道主义精神的表现形式之一。欧旭理、胡
文根（2017）认为"时间银行"是可以把个人的公益服务时间存入
其中的银行，这种银行实质上是一种"期货"性质的公益服务模
式，个人先存储服务时间，等到自己需要或者遇到生活难题时，
再延期"支取"相应的被服务时间。Valek L 和 Bures V（2018）
认为"时间银行"是一个社会经济软系统，它将个人作为组织的
一部分聚集起来，在这个系统中，人们可以使用一定的技能、知
识、资产、资源和时间。陈功、索浩宇等人（2021）认为"时间银
行"是一种公共利益的行动平台，成员在利他动机的驱使下参与
到这个平台中，基于"时间银行"进行互惠和交换活动。

　　而在中国，更多学者将"时间银行"与互助养老和志愿服务
结合起来定义。例如，王泽维（2003）曾将"时间银行"概念划分
为广义与狭义，广义的"时间银行"是指各年龄段人群参与志愿
服务，累计服务时长，待自己需要服务时提取；狭义的"时间银
行"仅指低龄老年人为高龄老年人服务。黄少宽（2014）认为养
老"时间银行"一般是指低龄老年人为高龄老年人提供服务，"时
间银行"工作人员记录低龄老年人的服务时间，之后，低龄老年
人可以在将来换取由其他的志愿者提供的相同时间长度的服
务。陈友华等人（2015）指出，时间银行的概念有两种含义，一种
是与志愿服务结合，作为志愿服务新模式；另一种是与老年志愿
服务结合，强调互助养老的概念。李明、曹海军（2019）认为"时
间银行"是一种志愿服务和养老模式的创新，其是中国人口老龄
化背景下提供助老服务和缓解养老压力的新思路和新路径。王

笑寒、郑尚元(2020)认为"时间银行"是一项互助养老机制,"时间银行"的法律关系应该是一种劳动关系。

也有学者从组织机构的角度定义"时间银行"概念,例如Monica M. Whitham 等人(2016)认为"时间银行"是一个组织,它允许会员提供一种服务以换取"时间积分",然后可以兑换另一种服务。Smith 等人(2015)认为"时间银行"是一种混合组织,因为它们是"不同类型逻辑之间的争论"。王晓文(2009)认为"时间银行"是能够提供时间储蓄服务、为解决老龄化问题而建立的虚拟银行管理机构。陈功、黄国桂(2017)认为"时间银行"是一种帮助志愿者将志愿服务时间存入个人账户、在需要时取出、换取他人服务的组织架构。有机构对"时间银行"进行过定义,如英国时间银行(Time Banking UK)组织(2019)认为"时间银行"是用来组织人们交换的一种手段和以时间为主要货币的组织。

从上述国内外学者对"时间银行"的定义可以看出,"时间银行"概念在表现形式上具有机制性和机构性,既可以是一种系统或机制,也可以是一种实体组织。而从功能上看,"时间银行"能在互助养老、社会融合、社会治理、社会发展等不同方面发挥作用,是一种技能、知识、资产、资源和时间的交换与互助创新机制、路径与平台。根据上述学者的观点,本文将"时间银行"从广义和狭义两个方面进行定义,广义上的"时间银行"是基于劳动"时间货币"或者"时间积分"储蓄、消费、交换的互惠与志愿机制、系统、平台以及基于此的机构、组织;狭义上的"时间银行"是具体应用于某个领域(例如互助养老)的机制、系统、平台以及基于此的机构、组织。本书的"时间银行"主要指狭义上的互助养老"时间银行"概念。

2. 公共政策

"政策"一词,来源于英文"policy",其汉字的翻译形式源自日本学者对英文"policy"的翻译与汉字表达,日本学者将传入日本的汉字"政"和"策"二字组合在一起,形成了"政策"。在我国古汉语中并没有对"政策"这个词的描述,但是曾对"政"和"策"两字分别进行描述与定义,"政"字的意思为政权、政事、正直,而"策"字的意思为对策、计策、策划、策略等(周树志,1999)。政策是本文研究的重要概念之一,如何定义政策直接影响本文研究的方向与内容。一般情况下,人们对政策主要从国家和政党的角度进行定义,例如,汉语词典将政策定义为:"国家政权机关、政党组织和其他社会政治集团为了实现自己所代表的阶级、阶层的利益与意志,以权威形式标准化地规定在一定的历史时期内,应该达到的奋斗目标、遵循的行动原则、完成的明确任务、实行的工作方式、采取的一般步骤和具体措施。"①该定义基于政治层面,政策的制定主体为国家、政府、政党,制定政策的目的是解决阶级、阶层的利益问题,注重政治性表达。

也有学者将政策定义为政治实体一系列行为规范的集合,分为总政策、基本政策、一般政策和具体政策四个层次,政策还包含路线与方针(周晓中,1987)。黄健荣(2001)则认为政策一般是指公共事务,与国际组织、国家、社会、企业、社团相关联的事务都是公共事务,与个人事务不同,个人事务是指不受任何合法社会组织、法律监督和制约的个人活动和个人关系,例如,个人的日常生活和社会交往,不是政策领域的相关事务。此外,有学者认为政策是国家机关、政党及其他政治团体在特定时期为实现或服务于一定的社会政治、经济、文化目标而采取的政治行为或规定的行动准则,是一系列谋略、法令、措施、办法、方针、条例等的总称(陈振明,1998)。李宁(2014)认为人们可以以三种

---

① 定义来源于在线汉语词典[EB/OL]. https://www.zdic.net/hans/政策。

方式去理解政策:第一种强调目的性,可以将政策理解为有目的的价值分配,核心是处理好相关问题或者实现某些既定目标;第二种强调形式性、内容性、文本性,认为政策就是法律、法规、某些行为准则、文件、方案或者相关的静态"文本";第三种强调动态性,认为政策就是活动的过程,是决策者为处理某些问题而进行的有目的的行为过程。在政策的目的性方面,梁之栋(2017)认为公共政策是由公共权力机关经过政治活动后选择和制定的,是为解决社会公共问题、达成公共目标和实现公共利益的方案。西方学者对政策的定义和理解与我国学者有所不同,西方学者多从西方的价值和理论体系出发对政策进行定义,受社会、经济、文化等不同因素的影响,西方学者将政策分为公共政策和一般政策,公共政策指政府所制定的对整个社会具有权威性的政策,而一般政策包括企业、社会团体和个人的决策(刘涧南,1992)。

不同的社会组织和学者从不同的角度定义与理解政策,对上述学者的定义与研究进行梳理后,本书将"时间银行"互助养老政策区分为公共政策和一般政策。"时间银行"互助养老公共政策主要包含国家针对"时间银行"的发展制定的公共政策、国家战略规划和地方政府为推动"时间银行"的发展而制定的地方政策,包含一系列关于"时间银行"的规章制度、政策法规、相关办法、方针、细则、条例等;而一般政策,主要为"时间银行"机构或者组织本身的规定、规章、制度等。

朱亚鹏(2013)对公共政策研究的定义从广义与狭义上进行了区分,他认为所谓的"广义的公共政策研究"是关于公共领域和公众利益的一切研究,在阐述、解释和分析公共问题和利益时并不要求专业的公共政策学科理论和专门的研究方法;而"狭义的公共政策研究"主要指运用公共政策学科的纯理论研究或运用公共政策学的学科理论和专门的分析方法去研究具体的公共政策问题。根据该学者的观点,本书的"时间银行"互助养老公共政策研究为广义的公共政策研究。在选取已有的公共政策理论和研究方法的基础上,结合社会学和人口学的研究方法和理论,研究我国政府出台的"时间银行"互助养老公共政策以及这些"时间银行"互助养老公共政策的制定、执行等过程,并分析这一过程的特点和产生的不足。

二、理论基础

1. 多源流理论

美国学者约翰·金登(John W. Kingdon)提出了著名的多源流理论(Multiple Streams Theory),这是公共政策研究领域的重要理论,提出问题源流(problem stream)、政策源流(policy stream)和政治源流(political stream)三大源流的汇聚推动了政策议程的发展和政策的制定。该理论主要研究政策议程的确立和公共政策的形成过程,是国内外学者在公共政策研究中常提及的理论之一(高小军、朱敏,2020)。在多源流理论中,问题源流是指政府有待解决的各种问题;政策源流是指已有的政策建议、主张与方案,也被称作"政策原汤";政治源流包括国民情绪、公众舆论、权力分配格局、利益集团实力对比等。一般而言,"三种源流"是相互独立运行的,但是在某些关键时刻,通过政策企业家的推动和促进,可以实现上述三种"源流"的汇合,"政策之窗"就此开启,最终实现政策的发展和变迁。政策的形成,一是要开启"政策之窗",二是要有政策企业家的推动,他们通过投入大量的时间、精力、物力,积极呼吁,促进某一主张的实施,以换取未来的收益(约翰·W.金登,2004)。多源流理论的贡献在于其指出了公共政策制定前的研究的重要性,不仅揭示了公共政策形成的契机,也清晰地指出了影响公共政策过程发展的要素以及这些要素之间的作用机制(姜艳华、李兆友,2019)。

　　该理论在具体应用中存在一定的问题,需要辩证地看待与应用。高小军、朱敏(2020)利用该理论对欧盟终身学习政策变迁进行研究后发现,欧盟终身学习政策变迁中的三源流是相互独立与共同作用的结合,其问题源流、政治源流、政策源流本身是相互独立的,但不是完全独立自主发展的,它们依次出现、共同作用,三种源流的发生、发展和运行具有一定程度的依赖关系。欧盟终身学习政策变迁中的政治源流与政策源流之间有着紧密的联系,政策企业家与政治家具有重合性,两者并不是完全独立的。此外,国内学者对于多源流理论的应用,也提出过一些建议,例如赵英、夏蕾(2020)指出,多源流理论模型是一种主流政策变迁理论,来源于西方国家,在西方国家的适应性和生命力较强,而中国与西方的政治体制、政策环境、决策机制不同,直接照搬照抄该理论来解释中国的政策问题是存在局限性与不足的,因此,需要提高以该理论模型解释不同国家各种政策的能力,要注重中国政治环境中影响该理论应用的不同因素的考量,以此实现该理论在中国的应用。丁文(2017)也指出,鉴于多源流理论是西方国家的制度产物,在利用该理论研究中国的政策时不能简单地奉行"拿来主义",需要辩证地看待中国特殊的政策议程设置环境以及中国特色政策议程设置环境可能产生的新特点,例如,在中国的政策议程设置中,焦点事件与政策方案之间并非孤立流动或松散联系,两者常常还具有因果关系。中国的政治环境和政府结构与西方国家具有较大区别,中国政治环境中的政务官往往还是政府的事务官,党政力量尤其是党政核心决策者的力量主导着中国公共政策的发展和政府的决定,在中国,只有符合人民核心利益目标与需求的政策方案才会进入党和政府政策议程的范畴。

　　利用多源流理论,本书将从中国"时间银行"互助养老公共政策出台的问题源流、政治源流、政策源流的角度进行研究分析,通过访谈与调查研究梳理为什么要制订"时间银行"互助养老公共政策,制定"时间银行"互助养老公共政策是为了解决什么社会问题,政府是如何思考的,国家以及地方政府是如何推动"时间银行"互助养老公共政策出台的,政府的哪些部门或者人员对政策起到了重要的推动作用。通过对上述问题的研究,本书尝试更为清晰地描绘中国"时间银行"互助养老公共政策的开启和制定过程。

2.合作共产理论

基于"时间美元"的探索与实践,美国学者埃德加·卡恩在此基础上提出了合作共产(Co-Production)理论,相比于先前的"时间美元",他认为合作共产理论更基本和重要,而"时间美元"只是实现合作共产理论目标的一种新的机制和工具(Cahn E. S,2000)。合作共产理论主要包含四种核心价值(Cahn E. S,2004):一是资产,社会的真正财富是人,每个人都能成为建设者和贡献者;二是工作,工作是为了培育健康的孩子、维护家庭、让邻里安全并充满活力、照顾体弱多病的人、纠正不公正、让民主可以运行;三是互惠,从你需要我变成我们彼此需要;四是社会资本,社会网络需要社会资本的持续投入,而社会资本是由信任、互惠和公民参与产生的。

合作共产理论强调每个人的重要性以及对每个人的尊重,即个人不仅可以是服务的接受者,也能成为生产者和贡献者,包括残疾人和老年人。合作共产理论是一种对资源和人与人之间关系的新思考,是为了实现相同的、最大化的、可行的人们的互助与参与(Pearson Olivia,2015),从而鼓励不同的人群通过服务实现个人价值,获得社会尊重。在社会发展中引入合作共产理论,不仅需要我们改变对社会服务"生产"的理解方式,还需要我们改变对社会服务"产生"的理解,包括如何理解专业人员、用户和社区的角色以及它们之间的相互关系的转变(Glynos Jason、Speed Ewen，2012)，人与人、人与社区、社区与社区将形成一种新的互助关系，即从传统的单向关系(例如只接受服务或者只提供服务)向互助、互惠的双向关系转变。埃德加·卡恩(2004)认为合作共产理论的最终目标是建立不同人之间的平等，创造新的社会资本，建立互惠、互信的关系，使每个人都参与社会活动，从而形成社会网络和实现社会融合。合作共产理论的创立为"时间银行"的发展提供了重要的理论基础，强化了"时间银行"机制的社会价值与作用。合作共产理论作为"时间银行"的核心理论，其理论价值还在对"时间银行"互助养老公共政策的认识评价，通过利用上述几种价值提升人们对"时间银行"互助养老公共政策过程体现的政策目标、政策价值的认识层次与深度，从而强化人们对"时间银行"互助养老公共政策的认识。

3. 第三方治理理论

由于存在政府失灵和市场失灵，人类不断探索更多的治理理论与路径，包括第三方治理理论。第三方治理理论是由美国学者莱斯特·M.萨拉蒙(Lester M. Salamon)基于美国社会实践与经验构建提出的，这一理论主要强调，除政府以外，还需要大量的非营利组织来广泛提供社会福利，从而构建政府和社会组织良性互动的一种政社合作关系(刘晓帆，2018)。萨拉蒙根据40多个国家的调研数据，基于"社会起源说"定义了非营利组织的概念，构建了分类计量体系，解释了非营利组织的□□，并提出了著名的"志愿失灵"理论，他认为政府与非营利组织是一种新型的合作伙伴关系，"第三方组织"可以在社会治理中分享公共权力。为克服社会治理中存在的"三重困境"，即政府失灵、市场失灵和志愿失灵，萨拉蒙提出了由"第三方组织"参与的"新治理"理论即第三方治理理论(耿长娟，2020)。

第三方治理理论主张政府向第三方社会组织分享其在公共基金支出和公共权威方面的部分处理权，例如，在福利项目的提供与运营中,政府更多地作为管理者,实施管理功能,第三方社会组织具有具体事务的处理权(刘烨,2012)。而这一考虑背后的逻辑是,政府出于对直接提供服务成本的考虑,转向通过与非营利组织建立合作关系,以减少政府在公共事务管理和公共服务提供方面的行政成本,既可以保持较小的政府规模,又能够较好地完成提供福利的政府责任(虞维华,2000),实现"小政府、大社会"的治理模式。萨拉蒙主张用第三方治理理论来替代传统的福利国家理论,他认为这种新的理论工具使得政府与非营利部门成为新型的合作伙伴,不再是竞争关系,它们可以相互利用对方的优势,弥补自身的不足,并根据各自的特点和优势,共同承担公共事务各领域的工作(陈佳园,2018)。第三方治理理论的出现能够使政府的公共服务方式与公共事务管理更加灵活,同时,由于非营利组织的慈善性和公益性,可以避免过度追求经济利益与价值,自然成为社会服务和公共事务管理中除政府以外最合适的候选人(刘晓帆、袁聚录,2017)。

近年来,第三方组织成为中国各地"时间银行"机构的重要组织者、发起者和推动者,部分地方政府也积极与"时间银行"第三方组织合作,通过政府购买的形式引导第三方组织参与"时间银行"事业,甚至授权"时间银行"第三方组织参与政策的制定与执行。第三方组织在我国"时间银行"事业的发展中不断发挥积极作用,形成了我国"时间银行"事业发展的新合力与新路径,构成了政府主导、社会参与的"时间银行"事业发展格局,充分发挥了社会力量在我国"时间银行"互助养老公共政策发展和事业推动中的积极作用,实现了自下而上与自上而下的结合。

4.政策网络理论

政策网络理论是将网络理论引入政策科学而形成的一种分析途径和研究方法,该理论可以追溯到20世纪五六十年代,兴起于20世纪70年代的西方,是一种描述和解释动态的、复杂的政策过程的分析手段。吴光芸、杨锦安(2020)认为政策网络理论以公共政策过程中多元主体间的持续互动为研究目标,探讨如何在各主体关系稳定、利益平衡和资源整合的条件下形成合理的公共决策。政策网络理论的特点可以归结为:一是政策主体来源多元,包含公共部门、私人部门和第三部门;二是政策网络主体之间形成了一种纽带和连接关系,彼此可以提供相互需要的资源;三是政策网络不仅是一种连接机制,还是一种多主体共同参与的协商机制;四是治理目标的实现基于网络结构主体间的谈判、妥协和博弈。此外,在连接机制的基础上,也有学者认为,政策网络其实是一种联合体,这种联合体由因资源相互依赖而联系在一起的一群组织或者若干群体组织组成。

国外学者马什和罗茨(Marsh D、Rhodes R. A. W,1992)为这一理论的发展做出了重要贡献,他们构建了系统的网络框架,将政策网络分为政策社群(主要由国家层面的政府部门构成,成员之间具有稳定的关系且呈现横向依赖)、专业网络(主要由相同职业背景的专业人士组成,成员之间关系稳定且呈现垂直依赖的关系)、府际网络(由与某一政策有联系的地方政府和相关主管部门组成,成员之间关系稳定且呈现垂直依赖关系,成员之间具有广泛的水平联系)、生产者网络(主要由提供项目产品的公共部门、私人部门、社会组织和公众等行为主体组成,成员之间既有垂直依赖关系又有横向依赖关系)和议题网络(由与某一政策问题具有利害关系或对某一政策问题感兴趣的参与者组成,成员之间关系不稳定,随时都有成员退出)五个部分,上述五个部分的划分为政策网络理论的应用与分析奠定了重要基础。

自20世纪80年代以来,政府以外的社会主体不断在公共政策的制定与执行过程中发挥作用,非政府组织、私人团体、公民等作为重要的社会行动者开始参与政策的制定与执行过程,公共政策制定和执行过程的多元化趋势愈发显著,政府职能也从纯粹的社会统治与管理逐步转变为社会治理与服务(刘海峰、王鲁刚,2020)。有学者认为,在全球化进程和市场要素的影响下,大大小小的行动主体彼此依赖、关系强化,政策过程已呈现出跨国界、跨领域、跨层次、跨部门等特点,多元协作和人类命运共同体的意义凸显出来,而政策网络治理路径有利于破解零和博弈难题,实现正和博弈(杨溢群、卢笛声,2020)。此外,朱亚鹏(2013)认为政策网络理论对中国学术研究和解决当代社会发展问题、社会矛盾具有一定的借鉴意义和启示意义,分析和研讨政策网络理论有利于探索扩大政治参与、容纳不同利益主体、打破封闭的政策网络,从而推动政策过程的民主化。本研究将充分利用政策网络理论,特别是从组成政策网络的五个部分分析我国"时间银行"互助养老公共政策的执行过程,描述我国"时间银行"互助养老公共政策执行过程的组织体系以及其中的相关问题,为未来我国"时间银行"互助养老公共政策过程的完善与发展提供借鉴。

三、文献综述

(一)公共政策过程相关研究

1.公共政策过程研究

威尔达夫斯基(Wildavsky,1989)认为,政策过程这一动态的发展维度、政策内容这一静态文本分析视角以及政策价值分析成为政策分析的统领,代表了未来政策科学分析的发展方向。孟卫青(2008)在分析教育政策时从以下三个纬度展开:价值分析回答政策的价值准则,内容分析回答政策的目标、手段和对象,过程分析关注政策从制定到执行、评价的所有阶段。澳大利亚学者海英思认为政策内容研究属于静态的政策研究,体现了一项政策的目的性追求,构成政策的实质理性或实质价值;政策过程研究属于动态性质的政策研究,体现了政策活动过程的各个环节所必须遵循的一系列确定的程序和原则。王静(2018)认为政策研究应基于以下三个纬度,即政策过程、政策内容以及政策价值,并认为它们不能分割、不是相互独立的,而是相互影响和制约的,政策过程包括政策的决策、执行、评估和调整。李国正等人(2019)指出:公共政策的最本质属性是公共性,必须明确整个政策活动究竟是围绕何种意图来安排和展开的,即明确公共政策的价值,虽然政策活动包含若干阶段和环节,但是无论在哪个阶段和环节,人们都需要考虑公共政策的目的与价值。公共政策系统是公共政策运行的载体,是政策过程展开的基础,包含政策主体、政策客体、政策环境、政策组织系统、政策决策体制、政策工具等内容。

小约瑟夫·斯图尔特和戴维·M.赫齐等人(2011)认为政策过程的分析应该包含政策议程的设置、政策制定、政策实施、政策评估以及政策变化和终止环节。这一政策过程论为公共政策分析提供了一条动态发展的政策过程路线,政策过程分析可以从不同的环节入手,也可以形成系统性的过程分析,这为政策过程的描述性分析和规范性分析提供了一种新的视角。桑春红和吴旭红(2018)认为公共政策制定是公共政策过程的首要环节,也是调整、规范和管理社会经济活动的重要手段,公共政策的制定是一个复杂的活动过程,制定一项政策必须经由公共问题转化为政策问题,再提升到政府议程;而公共政策执行是指政策的执行者解读、解释、细化、宣传、监督与落实既定政策,以实现决策目标的过程。孙绵涛(2018)在对教育政策过程的前瞻性分析中指出,教育政策过程分析是对教育政策的决策、执行和评估进行分析,决策过程包括确定政策问题、制定与筛选解决问题的政策方案及出台政策方案等环节,执行分析包括评价标准分析、评价程序或过程分析、评价方法分析及评价结果分析。

有学者认为,政策分析不仅要专注于政府内部决策过程,还需将其看作是一个政治系统对周围环境所提出的要求的反应（戴维·伊斯顿，1999）。政策阶段模型将公共政策过程划分成若干阶段，每个阶段都能单独地研究，或者通过它与整个政策过程中其他阶段的联系来进行研究，这样划分既方便了人们对于公共政策过程的理解，也使得对于个体案例的研究以及一系列案例的比较研究乃至对于政策过程中的多个阶段的研究成为可能（迈克尔·豪利特、M.拉米什，2006）。

邓光平（2006）认为政策分析与政策研究没有本质性差异，作为一个跨学科研究领域，政策分析是为了让人们更好地理解政策的起因、发展过程以及对社会发展带来的影响，以现实中的政策实践、政策系统和政策过程作为研究对象，从政策过程的角度，采用"政策问题认定——政策制定——政策执行——政策评价"的分析路径，通过揭示其本质与规律，增强人们对政策系统及过程的认知，解群（2012）基于政策阶段模型，对政策制定、执行、评估、监控等政策过程进行了分析，并提醒研究者注意政策分析的过程模型只是一种有用的分析视角，政策过程本身是连续的，只是为了分析而将整个政策过程划分开，需要与其他分析模型综合运用。常成（2017）在中国长期照护政策执行偏差的研究中使用了政策过程分析框架，依次从政策议程、政策选择、政策制定、政策执行和政策评估五个政策阶段进行具体分析。陈静（2018）基于小约瑟夫·斯图尔特和戴维·M.赫齐等人的政策过程模型，对美国儿童医疗保障政策进行了研究，具体分析了该政策的制定（包括政策议程和政策确定）、政策的实施、政策的评估以及政策面临的挑战（包括政策变化和困境）。

李科（2019）认为任何政策的分析理论都离不开对政策制定、执行、评估、终结等内容的研究，任何政策分析理论都无非是针对政策过程中的某个具体环节进行研究，并在具体的语境中对具体问题进行具体分析，政策过程分析是政策研究最简洁和最具操作性的方式;当然,并非每项政策都具备制定、执行、评估和终结等所有阶段,而且政策中的每个阶段不一定都是充分展开的。温芳芳(2019)指出,政策过程理论是目前使用最多的政策分析理论之一,政策过程各阶段并不是截然区分开的,而是相对的,各阶段相互融合,甚至重叠,整个政策过程也不是简单的线性关系,不同的政策阶段可能存在反馈或者回路,政策过程有时并不按照设定议程、政策制定、政策执行、政策评估这样的顺序进行。

除了政策过程的研究以外,还有一些学者从政策价值的视角看待政策过程和政策本身。李耀辉(2019)认为,每一个社会的良好道德秩序与风尚是公共政策的基本价值导向,在制定公共政策、处理公共事务和实现公共管理目标的过程中会体现道德价值,坚持良好的道德价值理念和规范的公共政策,能在社会利益调节和精神引导方面起到决定性的作用;他提出当前中国公共政策过程应坚持公平正义、尊重劳动与劳动者、诚实守信、人道仁爱、保护生态环境五个道德原则。

刘复兴(2001)认为政策价值分析的中心内容是政策活动中的"价值选择"及其"合法性""有效性"问题。刘立志(2003)认为政策价值的合法性分析,即分析政策制定主体所做出的政策价值目标选择是否建立在对政策对象客观属性的准确把握基础之上,是否反映了利益主体的根本需要,是否影响到人们的政策认同或接受程度等,从而影响政策价值目标的实现;政策价值的有效性分析,是分析政策价值目标的选择是否能准确把握政策对象的本质客观属性,围绕政策过程的各个环节对政策价值目标实现的作用和影响,探究政策目标实现的有效途径。孟卫青(2008)认为政策价值分析主要是阐述政策在处理各种有冲突的利益诉求或者分配有限资源时,其所依循的价值准则,政策价值分析的核心是以政策的价值目标为标准对政策的价值事实进行分析,从而最终确立价值规范,而这一分析,首先需要确立政策的公共价值追求,然后探讨政策决策主体和执行主体的价值追求,最后明确各利益群体的价值冲突与取舍。韩锋(2008)认为,公正公平、社会正义、社会关怀等公共政策的价值取向日益成为政策制定时所必须考虑的价值问题,公共政策主体对于政策效果的追求必须建立在诸如公平、正义等价值追求的基础之上。徐小路(2013)指出,政策制定中的政策价值属性包含公共性、正义性和合法性,影响政策制定中价值取向的因素包含国家性质、经济制度、文化传统、执政党性质,而政策制定中的价值取向判断标准应围绕公共利益、以人为本、公平正义、民主科学四个方面,其中公共利益是公共政策最基本的价值取向,可以通过优化利益结构与分配、促进社会公平与正义、加强伦理与道德教育、推动制度的科学设计四条路径来促进公共利益的实现。

2. 小结

梳理上述学者的研究,可以得出下面的结论:公共政策分析是基于政策过程分析、政策内容分析、政策价值分析的辩证统一,公共政策过程体现了公共政策内容的制定、执行、评估等不同环节,公共政策内容与公共政策过程服务于公共政策价值的实现,而公共政策环境是支持政策过程的基础条件,即在公共政策研究中,既有政策内容,也有政策价值的体现。因此,笔者认为,研究公共政策过程,不仅要分析公共政策过程的不同环节,例如,政策制度、政策执行、政策评估等,发现不同环节存在的问题并提出改善对策,还要从公共政策过程的整体审视各个环节是否形成了一个完整的政策发展过程。此外,在分析政策过程的同时,还需从政策内容和政策价值的角度审视政策过程和政策过程中的不同环节,例如,在政策制定环节制定了哪些政策,政策制定与政策执行过程体现了什么样的政策目标与政策价值追求,公共政策过程的开展是否很好地解决了政策需要解决的问题、达到了政策预定的目标、体现了政策不同主体的价值追求。结合公共政策过程的文献研究成果,本书将遵循上述政策过程研究中多数学者提到的政策议程、政策制度、政策执行、政策评估等环节开展公共政策过程研究。

(二)"时间银行"互助养老公共政策过程研究

1."时间银行"互助养老公共政策相关研究

(1)"时间银行"事业在发展中出现了诸多问题,当前"时间银行"互助养老公共政策研究多是从问题入手,再提出"时间银行"互助养老公共政策的建议与思考。

首先,在影响"时间银行"发展的因素中,人员和资金是讨论较多的影响"时间银行"事业发展的主要因素。

Lukas Valek(2013)对影响"时间银行"发展的因素进行过系统性的总结,他认为"时间银行"主要存在以下几个方面的问题:一是文化层面,经济价值观和宗教信仰的不同会对"时间银行"的认同产生影响;二是语言层面,跨地区与跨社区的语言差异会影响"时间银行"的发展,此外,不同的语言也会对"时间银行"软件的国际通用性提出挑战(Lukas Valek,2015);三是规模层面,用户规模太小,难以产生规模效应,会导致"时间银行"机构提供的服务种类与数量难以满足需求;四是资金层面,非营利性导致"时间银行"机构难以通过运营获得资金收入,而社会捐赠又难以持续;五是人员层面,无报酬导致参与人员与管理人员难以持续工作,影响"时间银行"机制的进行;六是环境层面,是否认同"时间银行"理念,会对"时间银行"事业的发展产生影响;七是法律政策层面,目前税收政策并不支持"时间银行"货币体系,或多或少会影响"时间银行"事业的发展;八是计划与规划层面,"时间银行"的成立多依托于发起人的热情,而发起人往往缺乏对未来发展的计划与规划。虽然该学者对"时间银行"发展中存在的问题的总结较为全面,但是对如何从公共政策层面推动

"时间银行"发展的研究与讨论不足,并没有给出清晰、全面的政策发展建议。

Ed Collom 等人(2012)通过对"时间银行"管理与协调人员的调查发现,维持"时间银行"的运行,最重要的是热心的会员、志愿者与有效的服务项目。而有学者则认为,"时间银行"协调员有助于人们解决因缺乏交流导致的彼此信任不足和害羞心理等问题(Carmen Valor,Eleni Papaoikonomou 等,2017)。针对上述问题,有学者(Michael B. Marks,2012)建议增加初期的资金投入,用以调动"时间银行"机构员工积极性,因为员工是保护"时间银行"参与者中的弱势群体的重要力量。李玲玉(2017)、杨帆和曹艳春(2019)、许聪(2019)、白芳芳、马芳等人(2019)则认为"时间银行"发展过程中政府的资金支持匮乏制约了"时间银行"的发展,导致很难聘请到高水平管理人才,使工作有序开展。

其次,为了解决人员参与问题,有部分学者尝试从信息化、数字化的角度提出促进更多人参与"时间银行"发展的建议。例如,有学者提出为了提高"时间银行"的效率,可以通过新技术和社交网络获益,尤其是数字化交易,或者开发应用程序 APP 来促进交易(Valor C,Papaoikonomou E 等,2017)。有学者认为在数字化环境中,可采用在线系统来促进"时间银行"业务的交易,通过增加成员之间的交流和互动频率来建立成员之间的信任(Papaoikonomou E,Valor C,2016)。有学者研究发现,相比电脑,手机更有助于人们参与"时间银行"的相关活动。在系统设计中,要强化人们的交换意识,以此消除交换的心理负担(Yuan C W,Hanrahan B V 等,2018)。在数字化的过程中,为了促使更多人参与交易,可以在软件中设置鼓励交易的标语,推送需求列表、记录交换的次数等方式(Han K,Shih P C 等,2015)。智能手机的使用能提高参与"时间银行"活动的灵活性和及时性,减少交换的时间,完成时间紧急的任务,增加服务的多样性和参与人员数量(Shih P. C,Bellotti V,Han K 等,2015)。

最后,在人员和资金的问题上,学者们更多的是从公共政策的角度提出建议。为了吸引更多人参与"时间银行",董自龙(2013)认为政府应发挥兜底保障作用,例如,通过设立奖励基金,给积极参与"时间银行"活动者以及存入时间多的人员提供必要的物质奖励,并开具有效的"时间银行"服务证明,以便"时间银行"参与者今后迁至其他地方居住时,可以继续享受"时间银行"的相关服务。他还指出,应提高奖励水平,从而吸引更多的人员参与到"时间银行"的服务中。程成(2015)认为政府应在宏观方面进行调控,如制定统一的政策,在"时间银行"的实施过程中吸引社会各界人士积极参与,并提供相应的经济和技术支持,也可以通过市场竞争机制对公众进行激励,以在降低相关成本的同时提高"时间银行"方案实施的功效。张晨寒和李玲玉(2016)认为"时间银行"的发展不仅需要制定相关法律法规,还需要扩大资金来源。陈际华和姚云伟(2017)认为在农村互助养老长效运行机制中建立的"时间银行",政府应吸收第三方社会主体如民间组织、企业等参与进来,由第三方社会主体提供资金或技术支持,不断降低实施成本。城市互助养老中的"时间银行"也面临人员与资金的问题,朱丽娟和邱梦华(2019)认为完善城市"时间银行"互助养老模式运行机制需要完善"时间银行"相关法律法规和政策制度的建设,拓宽资金筹集渠道,提高资金使用效用,发挥政府主导、扶持、补贴等的作用,在人、财、物等方面给予"时间银行"互助养老服务项目更多的支持。陈际华(2020)认为,要推动"时间银行"互助养老模式的发展,政府必须制定"时间银行"的相关法规和规章制度,以强大的政府公信力消除人们参与"时间银行"服务的顾虑和担忧。

在价值目标方面,黄少宽和吴倩茹(2012)调研发现,"时间银行"场域下人们更注重的是志愿服务公益目标而非交换目标和价值,因此,可以通过加强宣传教育,让人们接受正确的"时间银行"目标价值与参与意义,从而促进更多人员参与"时间银行"。Seyfang G(2002)从"时间银行"功能价值的角度对"时间银行"可能面临的资金与人员问题提出建议:第一,为单个"时间银行"项目争取短期资金的做法是不可持续的,卫生、教育以及慈善机构和特殊利益组织应充分认识"时间银行"的作用并将其作为一种工具,例如,可以借"时间银行"推动同伴辅导计划,从而降低学校的逃课率等;第二,要有"联合思维",鼓励"时间银行"吸纳当地的商业组织,为"时间银行"的发展提供支持;第三,可以将"时间银行"作为一种官方的机制与路径,引导公众参与地方决策,从而提高人们对"时间银行"的参与度。有学者提出将"时间银行"纳入社区组织中,并通过政策的调整促进人们的参与和"时间银行"的发展(Seyfang G,2004)。但是,不利的政策环境会挫伤人们参与"时间银行"的积极性,特别是一些国家的政策会影响人们参与"时间银行"的意愿。学者 Seyfang G(2006)对英国的政策进行研究后指出,英国的相关政策规定并不利于"时间银行"的发展,例如,根据已有政策,"时间银行"中用于激励人们参与的物品算作参与者的个人收入。另外,参与"时间银行"的人会被认为具有工作能力,使其相关政府福利津贴被削减。受到"福利就业"政策的引导,人们可能会放弃"时间银行"这样的非正式志愿工作,转向劳动市场的正式工作。

(2)在研究"时间银行"组织和运行机制存在的诸多问题和现实困境时,学者普遍认为政策支持不足是一个重要因素。

如陈功、杜鹏和陈谊(2001)认为"时间储蓄"面临的困难包括政府角色和作用问题、保障和信任问题等,他们认为"时间银行"未来支付的基础是国家权力机关制定相应的法律法规或政策规章,以政府兜底,为"时间银行"提供有力的信誉保障,但是如何通过人大立法将"时间银行"纳入法律法规和政策规章,尚不可知。邓志锋(2012)、黄少宽(2014)、夏辛萍(2014,2017)、许加明(2015)、张晨寒和李玲玉(2016)、张英(2016)、汪哲(2017)、徐媛媛(2017)、李玲玉(2017)、赵思凡(2017)、康广地(2018)、许聪(2019)、郭薇薇(2019)、白芳芳(2019)、陈功、王笑寒(2020)等人指出中国"时间银行"在发展中存在法律法规和政策规章不健全等各种问题,提出应尽快从法律法规和政策规章的角度推动中国"时间银行"事业的发展。田保宁(2018)和钱玉玲等人(2020)进一步指出,中国未正式从法律层面对"时间银行"的成立、管理、运行和评价等进行立法,大部分城市尚未出台"时间银行"法律法规或者政策规章,部分地方虽然有一定的探索,但从全国范围看,中国"时间银行"互助养老公共政策还显不足。

2."时间银行"互助养老公共政策过程研究

(1)"时间银行"互助养老公共政策制定相关研究

①"时间银行"互助养老公共政策的制定需要有一个政策边界与政策环境。国外学者 Glynos J 和 Speed E(2012)认为,"时间银行"互助养老政策要有一个清晰的政策边界,描述相关政策是理解"时间银行"互助养老政策的第一步,还需要通过对政策和意识层面的调查来补充和完善"时间银行"互助养老政策。通过理解"时间银行"的价值基础并将其置于政策背景下,对于帮助"时间银行"的成长、发展和实现其潜力至关重要。在价值的基础上,Ryancollins J 和 Stephens L 等人(2008)从政策环境的角度提出了新的思考,他们在研究报告中对未来"时间银行"的发展提出了构建政策环境的意见,认为政策环境需要从四个方面构建:一是基金方,应确保资助的基金用于激励人们提供服务;二是国家政策制定者和地方政府,需注重资金的筹集,将更多的资金用于"时间银行",应注重社区的参与,确保各机构之间

加强合作与资源共享；三是监管和审计主体，应注重审计与评估，更加关注合作共产这一原则与过程，让不同的人平等地参与审计、评估、规划并听取他们的建议，仔细研究风险，促进"时间银行"的发展；四是提供公共服务的第三方机构或组织，需要关注自身的指导性作用，而不是直接解决问题，重视资源的共享而不是资源的竞争。由上述学者的研究可知，"时间银行"互助养老政策或者政策环境的构建不仅需要考虑到政策本身，还需要在政策价值层面进行思考。

②"时间银行"互助养老公共政策的制定需要树立正确的价值目标。Papaoikonomou E 和 Valor C（2017）从"时间银行"价值目标的角度进行了研究，提出不同的"时间银行"机构应建立在不同的价值目标之上，主要体现为市场、政治、社会、社会福利四个方面，缺乏市场化会限制"时间银行"的活性，阻碍"时间银行"的长期发展。Gregory Lee（2009）认为，越来越多企业的加入，导致"时间银行"原有的时间积分交换原则与时间货币价值受到市场价值的挑战。之后，Gregory Lee（2012），进一步提出，为了实现"时间银行"的发展，必须保持参与交换的灵活性以及实现对不同身份的认同。这一观点强调的是"时间银行"互助养老公共政策的互惠性与社会网络性，该价值目标与埃德加·卡恩合作共产理论中的互惠、社会资本价值目标相同。Carroll J M 等人（2017）认为"时间银行"应该包含机构会员和个人会员，强调互助，允许捐赠，这样可以促使更多人参与，还可以通过建立综合评价体系来反映参与者的技能与服务情况，从而建立"时间银行"大数据，推动"时间银行"发展。

此外，"时间银行"互助养老公共政策的制定与决策需要考虑到多文化性和参与人群的多样化。Amanatidou E 和 Gritzas G 等人（2015）认为，"时间银行"要可持续发展，需在决策层面互动、包容、参与、听取不同人的声音、了解不同人的观点、目标与兴趣，以开放与透明的流程,建立人与人之间、人与"时间银行"之间的信任。同时,"时间银行"要接受不同的文化,将具有不同文化背景的人纳入其中,实现不同文化背景人群的交流(Lukas Valek and Olga Tarasova,2014)。Pearson Olivia(2015)从政策过程层面对青少年参与"时间银行"提出以下建议:第一,要有一个有效的交流网络,在学校层面有专门的老师给予指导;第二,创造良好的文化环境;第三,政策的制定要有清晰的目标;第四,增强参与"时间银行"的意识,保证参与体验良好;第五,尊重青少年,政策制定者要倾听并重视青少年的意见;第六,反对家长制作风。

学者黄少宽(2014)、李海舰等人(2020)认为,中国未来"时间银行"养老服务模式的发展,应以"时间银行"的可持续发展为目标,制定符合中国实际情况的规章制度,对"时间银行"的组织、管理、资金来源、储户的权利与义务、培训等内容做出明确的规定。张文超和杨华磊(2019)建议以政府购买服务等方式,按照相关法定程序,向符合条件的社会组织购买"时间银行"服务,依据现行的法律法规和政策要求,在借鉴国外"时间银行"制度规范的基础上,结合中国的实际情况和社会组织的特色,形成一套科学、合理的"时间银行"制度规范。王永梅和王一笑(2017)从中国"时间银行"助老服务的实践出发,提出了中国"时间银行"助老服务的制度框架:建立区别于一般志愿服务的"时间银行"助老服务标准、强化主体审核标准和分类评判标准,建立社区、社会组织"联动"运营机制,建立"时间银行"助老服务风险防范机制以及建立基于人口变动趋势的长效发展保障机制等。上述论述不仅强调了中国"时间银行"互助养老公共政策的目标,更重要的是突出了"时间银行"互助养老公共政策发展的中国化,强调了因地制宜和因地制政的重要性。

③"时间银行"互助养老公共政策的政策主体

在"时间银行"互助养老公共政策的制定主体方面,中国学者更注重政府在"时间银行"互助养老公共政策制定方面的主导地位,认为"时间银行"互助养老公共政策的制定应由政府负责。张英(2016)分析了天津市和国内其他市区的"时间银行"养老服务情况,并与西方国家"时间银行"制度进行了比较,指出中国"时间银行"发展中存在诸多问题,提出需要制定统一的"时间银行"互助养老政策,并以相关的政策法规作为"时间银行"发展的法律根据,并且还要设置相关的制度保障机制,促进政府监督和兜底责任等制度的顺利实施。黄如意和胡善菊(2013)、黄少宽(2014)、张晨寒和李玲玉(2016)、陈际华和姚云伟(2017)、林鹤(2019)、钱玉玲等人(2020)提出"时间银行"的发展应由政府主导并构建良好的政策环境。张洁(2020)认为政府应建立和完善相关制度,出台具体的"时间银行"互助养老政策和实施方法,此外,还需要明确"时间银行"互助养老服务的主管部门,保证各部门的人员配置,加强制度建设,保障事业的可持续发展。

(2)"时间银行"互助养老公共政策执行相关研究

①"时间银行"互助养老公共政策的执行需要建立机制与加强合作

Lee Gregory(2012)认为"时间银行"互助养老公共政策的执行需要建立各种机制,使政治和技术目标不仅能够实现,而且能够相互支持,未来的政策需要关注更广泛的伙伴关系的建立,此外,政策应寻求在若干服务中同时建立"时间银行"机制。Lukas Valek(2015)认为"时间银行"的发展需要有经验的支持,从多种路径中寻找最优的方案,而从研究的角度来看则需要加强合作,特别是有"时间银行"机构地区的专家需要与没有"时间银行"机构地区的专家分享知识与经验,这也间接地说明"时间银行"互助养老公共政策的执行需要建立多地合作与共享机制,以一个地方的发展经验帮助另一个地方更好地发展,推动"时间银行"互助养老公共政策的制定与执行。

②"时间银行"互助养老公共政策的执行需要明确不同主体的责任

朱丽娟和邱梦华(2019)认为互助养老过程中,需要细化政府各部门之间的关系,厘清政府相关部门及行政机构与社会组织(包括居委会)、专业社工、志愿者之间的关系,使他们在运行中能够履行各自的职责。政府职能部门要真正履行引导辅助与指导培育的职责,为互助养老事业的发展创造良好的社会环境。马晶洁(2020)发现农村养老服务相比城镇存在很大的不足,认为"时间银行"互助养老政策可以弥补这一短板。"时间银行"互助养老政策的优势包括能够很好地开发和利用老年人的人力资本,缓解农村子女的养老压力,促进社区、居家养老模式更好地开展,但是,由于管理系统不完善,缺乏制度规范和转换标准,导致人员参与动力不足,参与"时间银行"互助养老政策的专业人士缺乏,"时间银行"互助养老政策缺乏持续性激励机制,需要在"时间银行"互助养老政策的施行中明确个人、家庭、政府以及社会的责任。

③"时间银行"互助养老公共政策的执行需要考虑安全风险

有学者认为"时间银行"在运行的过程中存在风险性,需要进行风险管理(Lukas Valek,2014)。"时间银行"机构应该从安全的角度,维护参与者的安全权利,提供安全的环境,制定安全保护政策,购买保险(David Boyle,Sarah Bird,2014)。在风险防范方面,董自龙(2013)、孟艳(2016)、白芳芳等人(2019)认为政府应在法律上承认提供助老服务人员的志愿者身份,在实践中为他们提供相关的风险保障以及免除超出其能力范围的责任,避免出现过多的社会纠纷,如在多方面、多层次保护志愿者的安全,减少志愿服务的安全隐患,在"时间银行"内构建申诉与惩罚机制。黄海娜(2019)认为"时间银行"社区互助管理需要政府的引导和监督,建议通过政府出资、社会捐助等形式设立独立的互助服务社会保险基金,或者通过引入商业保险的形式防范和化解服务过程中可能出现的风险,构建"时间银行"运行过程的保障机制,建立"时间银行"助老服务的风险防范体系,通过规范服务过程和完善监管机制来保障被服务者的权益和安全,加强过程管理与控制,从而保障服务者的权益和安全。

(3)"时间银行"互助养老公共政策评估相关研究

李水金(2012)认为完善"时间银行"需要加大政府的扶持与引导,通过完善各项管理制度,建立统一的管理规范,完善相关法律法规以及建立评估体系,评估不仅可以发现问题,改善"时间银行"制度,促进"时间银行"建设,也可以激励志愿者、改善宣传效果。程成(2015)认为应加强评估和监督,建立各项工作的具体实施标准;"时间银行"评估主体须具有权威性和执行力,建议由民政部门牵头,与权威的专家、具有相应资质的组织和个人共同组成执行主体,接受社会监督。朱丽娟和邱梦华(2019)认为民政等部门需要对"时间银行"日常运行中的各个方面以及志愿者的服务质量制定评估细则,从而进行有效的过程评估并建立反馈指导机制,这是"时间银行"互助养老服务规范化运行的一个重要组成部分,否则"时间银行"互助养老服务可能仅仅成为"面子"工程,他们还建议应该由第三方评估机构开展相关项目评估。

在具体的评估实践中,纽卡斯尔大学(The University of Newcastle)和伍伦贡大学(The University of Wollongong)合作开展了针对澳大利亚新南威尔士"时间银行"运行的两轮评估,并以报告的形式提交给新南威尔士州社区办公室(The NSW Office of Communities),以此作为其政策参考。该报告就"时间银行"的注册数据,例如用户的地理位置、用户注册信息、"时间银行"系统使用状况、供给和需求的性质、总志愿服务交易时长等内容进行"时间银行"试运行的评估。评估发现,有些因素对于继续在新南威尔士州建立、维持和推广"时间银行"至关重要,这些因素包括设置专职成员、进行外联和推广以及基于充足资金的有效管理。虽然没有一个固定的模式可以让"时间银行"在所有社区中均取得成功,但是时间经纪人或者"时间银行"其他管理者保持成员持续互信关系的能力至关重要。该调查报告还指出了"时间银行"评估的局限性,"时间银行"很难完全相同,不同的"时间银行"在成员、参与、交易和成果方面会存在差异,因此很难有通用的评估模式与评估原则。虽然上述评估只是针对"时间银行"运营的评估,并没有对"时间银行"互助养老公共政策的运行进行评估,但是这些评估为"时间银行"互助养老公共政策的评估指明了方向。

3. 小结

梳理上述研究可以发现,当前,"时间银行"互助养老公共政策的研究多是从"时间银行"发展存在的问题入手,再落到政策制度的建设上,现有文献就"时间银行"互助养老公共政策的价值、目标、内容进行一定程度的讨论,但是整体研究深度不够。而对"时间银行"互助养老公共政策过程的研究,学者们已经初步讨论了政策的制定、政策的执行和政策的评估,关注了政策执行中的安全、保险等问题,提到了政策执行中不同主体的责任与分工,描述了"时间银行"互助养老公共政策的制定、执行、评估、监督这一较为完整的公共政策过程,但是,当前的研究主要是从"时间银行"发展的角度入手,对于"时间银行"互助养老公共政策本身的讨论与研究明显不足。

(三)文献评述

学者们从法学、社会学、经济学、信息学、管理学、人口学等多个学科对"时间银行"进行了相关研究,但对"时间银行"的研究比其他内容的研究少。虽然政策是"时间银行"的重要内容,但是目前直接针对"时间银行"互助养老公共政策的分析与研究稀少,很多文献只是从"时间银行"发展存在的问题与建议的角度谈及政策的不足并提出政策建议。相比于"时间银行"互助养老公共政策研究的不成体系，国内外对于政策研究的理论与研究方法已基本成熟，整体上主要围绕政策过程、政策内容、政策价值和政策环境四个维度进行研究分析，其中政策过程研究方法与思路对于本书的"时间银行"互助养老公共政策过程研究具有重要的理论价值，提供了科学的研究分析方法与范式。通过文献梳理，可以发现对于中国"时间银行"互助养老公共政策的过程研究主要存在两方面的不足：

第一，对于中国"时间银行"互助养老公共政策如何制定等问题尚缺乏理论研究。更多文献只是从"时间银行"发展的角度提出了资金、政策、社会、信息化等环境建设的建议，而对中国当下是否已有"时间银行"互助养老公共政策，这些政策有什么特点，它们是如何被提上政策制定议程的，这些政策的制定过程中存在哪些问题，还缺少研究。

第二，对于中国"时间银行"互助养老公共政策过程的理论与实践研究尚未发现。部分文献只是提及了"时间银行"互助养老公共政策过程中的某个环节，例如制定、执行、评估等，而从公共政策过程整体的角度看，对"时间银行"互助养老公共政策应如何决策、制定、执行、评估、终止，当前中国已有的"时间银行"互助养老公共政策具有什么特点、还存在哪些问题，今后中国"时间银行"互助养老公共政策过程如何完善等问题仍缺少理论与实践研究，急需补充。在实践中，中国南京市和青岛市已出台了"时间银行"互助养老公共政策，并执行了一段时间，但尚未发现针对上述两地"时间银行"互助养老公共政策过程的调查研究，这为本研究提供了理论方向与空间。

第三章　研究方法、对象与框架

一、研究方法

1. 文献研究法

　　文献是记录不同知识和信息的载体。文献的形式有很多种，包括图书、期刊、学位论文、科学报告、档案等，文献成为研究的基本素材。文献研究法是人们开展科学研究的基础方法之一，指根据研究的目的，在一定的范围内搜集、鉴别和整理相关文献资料，并对文献资料进行研究与分析，形成对事实的科学认识。该研究方法具有低成本、方便的优点，可以通过合理、科学的整理，为进一步的科学研究与分析提供客观、准确的基础素材（熊俊峰，2014）。以文献作为科学研究的常用方法，需要尽可能地收集已有的相关研究资料，掌握国内外的研究现状，分析当前研究存在的不足，并通过相关文献寻找适用的理论与方法，为以后的科学研究提供方法、思路与数据。本研究旨在从两个方面进行文献梳理与研究，一是从已有的"时间银行"国内外研究素材中全面梳理"时间银行"发展存在的问题以及政策建议，突出对发展问题的梳理并初步确立研究方向；此外，进一步梳理政策过程研究的相关理论以及可以用于"时间银行"互助养老公共政策过程分析的理论框架。二是通过文献研究，收集中国"时间银行"互助养老公共政策文本，从中总结现有政策的特点、优点与不足，为政策过程的研究提供基础素材。

2. 案例研究法

　　案例研究法是指对某一真实现象开展考察和探索的一种经验式研究方法，即通过详细地描述案例事件，分析其原因并从中发现或探求一般的规律性和特殊性，进而推导出结论或命题的研究方法（张祎，2015）。由于在我国国家宏观层面尚未出现"时间银行"互助养老公共政策，因此，无法研究宏观层面"时间银行"互助养老公共政策过程，需要以案例的形式窥视中国"时间银行"互助养老公共政策过程，以探索当下中国"时间银行"互助养老公共政策过程的特点。本书以南京市和青岛市"时间银行"互助养老公共政策为案例，分别研究两地在"时间银行"互助养老公共政策在制定、执行过程中体现的特点、存在的问题，再根据案例研究素材，归纳和总结中国"时间银行"互助养老公共政策过程可能存在的普遍性和特殊性。

3. 深度访谈研究法

访谈法是科学研究中收集资料的一种重要方法。"访谈"指一种研究性交谈，是研究者以口头谈话的方式从被研究者那里收集（或者是建构）第一手资料的研究方法（陈向明，2000）。通过深度访谈，可以进行深入细致的交流，获得其他路径难以获得的丰富的基础素材，并通过对访谈素材的整理与分析，归纳和概括出研究结论。"时间银行"互助养老公共政策过程的研究难以通过文献研究和比较研究进行，只能通过对中国实施"时间银行"互助养老公共政策的地区的某些参与人员进行深度访谈，从而收集"时间银行"互助养老公共政策过程信息，挖掘公共政策实施过程中出现的问题。因此，本研究在深度访谈中主要围绕"时间银行"互助养老公共政策问题的确定，政策制定、执行、评估等主要过程，适当结合政策内容、政策价值和政策环境的分析审视"时间银行"互助养老公共政策过程，最后为中国"时间银行"互助养老公共政策的完善与发展提供具有一定可行性的建议。

本书首先通过互联网对具有代表性的我国多个地区的"时间银行"进行背景调查研究，收集其所在地的政策，最终确定以

"时间银行"互助养老政策发展较快的南京市和青岛市为调查地,同时,对这两市的"时间银行"机构管理者以及政府、政策制定专家进行现场访谈。在前期文献研究的基础上,撰写访谈提纲,制订访谈计划,提出半结构性访谈问题,根据访谈中被访者的回答情况进行灵活调整,对于提纲以外有价值的问题进行扩散性的提问与追问,对于实际情况中未出现而访谈提纲中已罗列的问题停止提问,尽可能根据"时间银行"互助养老公共政策过程的实际情况开展有效访谈。

通过前期调查与文献研究,本研究针对不同对象制定了不同的访谈提纲,并对青岛市、南京市进行了为期一周的实地访谈,重点访谈了青岛市民政局养老服务处负责人以及工作人员共2人、南京市民政局养老服务处负责人2人、南京市"时间银行"运营中心负责人1人、青岛市"时间银行"运营中心负责人1人、青岛市"时间银行"服务点负责人1人、南京市"时间银行"服务点负责人1人,共计8人,访谈对象的选择以达到信息饱和为主要原则。

二、研究对象

(一)个案选取

本研究的主题为中国"时间银行"互助养老公共政策过程研究,前述回顾中已提到,当前国家宏观层面并没有出台针对"时间银行"的专门的公共政策,更多的只是在相关规划、条例中提及"时间银行",因此,无法从现实中针对国家宏观政策开展"时间银行"互助养老公共政策过程研究。在这一现实背景下,本研究将围绕已出台的地方政府层面的"时间银行"互助养老公共政策开展研究。在地方政府层面,武汉、广州、上海、南昌、慈溪、南京、青岛等地已出台了"时间银行"互助养老公共政策,且网上多有相关报道。而在相关报道中,南京市养老"时间银行"和青岛市养老"时间银行"的报道较多,尤其是南京市的养老服务"时间银行"报道,不论在国家层面的主流媒体,还是在地方层面的媒体,都被广泛热议。通过网络可以找到的"时间银行"互助养老公共政策全文内容为南京市人民政府办公厅于 2019 年 7 月 17 日印发的《南京市养老服务时间银行实施办法(试行)》和青岛市民政局于 2020 年 4 月 14 日印发的《青岛市养老服务时间银行实施方案(试行)》。在这种情况下,本研究确定以南京市和青岛市"时间银行"互助养老公共政策为案例,通过访谈的形式,围绕南京市"时间银行"互助养老公共政策和青岛市"时间银行"互助养老公共政策的制定、执行、评估和变迁进行研究。选择上述两市的"时间银行"互助养老公共政策作为中国"时间银行"互助养老公共政策过程研究的案例基于以下几方面原因:

第一,其他城市"时间银行"互助养老公共政策往往仅适用于该市的某一个区或者街道,而南京市和青岛市的"时间银行"互助养老公共政策适用于整个市,是全市层面的公共政策,并且政策内容相对成熟,特别是南京市"时间银行"互助养老公共政策已形成体系,两市"时间银行"互助养老公共政策已试行一段时间,这种情况有助于从全市层面了解"时间银行"互助养老公共政策的执行情况与效果。

第二,受访谈条件影响,与部分地方政府进行深度访谈的难度较大,而南京市和青岛市民政局以及相关专家明确表达愿意积极配合开展相关研究。

第三,两地"时间银行"互助养老公共政策的制定、执行、评估具有相似性与关联性。通过调查发现,青岛市"时间银行"互助养老公共政策的起草、制定学习了南京模式。南京市与青岛市在"时间银行"互助养老公共政策的起草中都聘请了较为专业的第三方组织,第三方组织在两市"时间银行"的发展中发挥了纽带作用。因此,两市的"时间银行"互助养老公共政策具有关联性、相似性、推广性和复制性,两市还对"时间银行"互助养老公共政策的制定、执行、评估和变迁进行比较,总结共性问题,提出针对性建议。

(二)个案情况介绍

1. 南京市

南京市市政府于 2019 年 7 月向全市印发了《南京市养老服务时间银行实施方案(试行)》,并于当年 12 月份在南京市的 12 个区、24 个街道、247 个社区启动首批养老服务"时间银行"试点工作。2020 年 10 月 15 日,南京市市政府召开了全市全面开展养老服务"时间银行"工作的部署大会。截至 2020 年年底,南京市养老服务"时间银行"已建成服务点 1243 个,申请注册志愿者 42169 人,服务对象 30409 人,其中在服务时间由政府安排的服务对象为 19089 人,共完成"时间银行"订单服务 72491 项,累计服务时长达到 36530 小时;南京市养老服务"时间银行"的注册志愿者,主要以 60 周岁及以上的老年人为主,占比 52.05%,18～35 周岁人群的占比为 8.96%,36～59 周岁人群的占比为 38.99%。有 48 个志愿者团体或队伍积极参与团队志愿者注册,例如江苏省司法厅法律援助队伍、鼓楼医院等,形成了人们广泛参与的局面。在南京市全面推行"时间银行"养老服务后的两个月内,申请注册志愿者达到 15109 人,占比为 35.8%;服务对象为 10735 人(免费服务对象为 5657 人),占比为 35.3%;完成订单 34370 项,占比 47.4%;累计服务时长为 19178.3 小时,占比为 52.5%①。由此可见,南京市养老服务"时间银行"全市全面推行后,有了较大的发展。

在"时间银行"互助养老公共政策制定的层面,南京市民政局牵头,联合南京市文明办、市财政局、市大数据管理局、南京银

---

① 上述数据来源于南京市民政局养老服务处的工作总结。

行等多部门,根据《国务院关于加快发展养老服务业的若干意见》(国发〔2013〕35 号)文件、《志愿服务条例》、《关于推进养老服务发展的意见》(国办发〔2019〕5 号)、《南京市提升养老院服务质量若干意见(试行)》(宁委发〔2018〕38 号)等文件精神,制定了《南京市养老服务时间银行实施方案(试行)》,之后,又陆续制定了 6 个政策实施细则,分别为《各级时间银行职责及相关工作要求》《时间银行志愿者、服务对象的基本条件、权利义务及准入和退出办法 》《时间银行服务项目及服务流程》《时间银行服务突发事件应急处置办法》《时间银行服务点及志愿者奖惩办法》《南京市养老服务时间银行专项基金管理办法(试行)》,基本形成了完整的南京市"时间银行"互助养老公共政策体系。

此外,为了推动"时间银行"互助养老公共政策的落地,南京市形成了政府主导、社会参与、信息保障、资金兜底的执行体系,由南京市政府统一领导,副市长亲自抓工作,市民政局牵头落实。在市级层面设立了"南京市养老服务时间银行管理中心",区级层面依托虚拟养老院开设了"时间银行"管理机构,街道层面设立了"时间银行"服务机构(依托 3A 以上等级的居家养老服务中心),社区层面设立了"时间银行"服务点(依托居家养老服务中心)。南京市还在"我的南京"APP 中设立了专门的功能模块,引入区块链、人工智能和大数据应用技术,开发了全市统一的养老服务"时间银行"信息系统,并与市公安、市发改委、市团委等 5 个部门的 10 类数据进行及时比对,实现供需全流程精准、智能、安全对接。同时,南京市发挥了政府资金兜底的作用,市财政注入 1000 万元"时间银行"启动金,南京证券捐赠 150 万元,为南京市养老服务"时间银行"的发展提供财力支持。[①]

---

① 以上信息和数据来自:年轻存"时间" 年老提"服务"——南京市养老服务时间银行上线[EB/OL]. http://www.mca.gov.cn/article/xw/mtbd/201912/20191200022539.shtml.

2. 青岛市

青岛市民政局在第九次党组会议中研究通过并于 2020 年 4 月 14 日发布了《青岛市养老服务时间银行实施方案(试行)》,选择南区、西海岸新区、城阳区进行试点,以进一步完善工作机制,测试"时间银行"服务流量,试点时间为从宣布启动日至 2020 年年底。2021 年计划在试点的基础上,实现青岛市全市"时间银行"的推广。截止于 2021 年 3 月,青岛市全市"时间银行"注册志愿者达到 3926 人,注册服务对象 3641 人,发布订单 652 单,服务总时长达到 299 小时。先后在青岛市南区、西海岸新区、城阳区、崂山区开展了 8 场"时间银行"培训会,累计培训 113 人,共覆盖 47 个街道①。

在"时间银行"互助养老公共政策的制定层面,除已制定的《青岛市养老服务时间银行实施方案(试行)》以外,青岛市民政局还牵头于 2020 年 12 月 1 日制定了《青岛市养老服务时间银行实施细则》(简称《细则》),该《细则》分别从"时间银行"管理机构、服务点相关标准及管理制定,志愿者、服务对象审核、注册、退出等相关标准规范,"时间银行"志愿者提供服务的流程及服务标准,"时间银行"服务安全管理规定、突发事件应急处置办法,"时间银行"服务点以及"时间银行"志愿者奖励办法五个方面细化了政策标准,初步形成了"一大五小"的政策体系。

在政策落实层面,青岛市形成了政府主导、社会参与、信息保障、资金兜底的执行体系。政府主导体现在以青岛市民政局牵头其他部门开展"时间银行"工作,具体由养老服务处开展相关工作,初步构建了市、区(市)、街(镇)三级"时间银行"管理体系,对"时间银行"进行分级管理。采取政府购买服务的方式,发挥社会力量在"时间银行"事业发展中的作用,委托南京市某电

---

① 上述数据来源于 2021 年 3 月青岛市民政局会议材料。

子科技有限公司参与运营与管理。此外还建设了青岛市"时间银行"线上平台,在"智慧养老 APP"开辟"养老时间银行"专栏,以信息平台为青岛市养老服务"时间银行"事业提供信息保障。同时,青岛市政府以政府财政兜底的形式保障养老服务"时间银行"事业发展,市财政从 2020 年年度预算中拨付项目资金 60 万元用于养老"时间银行"的运营。[①]

三、研究框架

本书以南京市和青岛市为例,通过访谈的形式,研究中国"时间银行"互助养老公共政策过程。研究重点聚焦在中国"时间银行"互助养老公共政策的制定与执行,利用多源流理论、第三方治理理论、政策网络理论,分析南京市和青岛市"时间银行"互助养老公共政策过程的特点,总结两地"时间银行"互助养老公共政策过程存在的问题,最后结合合作共产理论,提出相关建议,同时对中国"时间银行"互助养老公共政策的发展进行展望。

本书一共分为七章。第一章从研究背景和研究意义出发,引出中国"时间银行"互助养老公共政策过程研究的问题。第二章为国内外"时间银行"相关研究的文献综述,一方面通过理论研究阐述"时间银行"互助养老公共政策的概念,梳理可以应用的理论;另一方面确定"时间银行"互助养老公共政策过程研究的主要框架与研究思路,指出当前"时间银行"互助养老公共政策研究在理论上的不足,为本研究指明方向。第三章为研究方法和研究对象的选取,介绍了本书使用的研究方法,以及选择南京市和青岛市进行研究的原因和两地的个案情况。第四章为中国"时间银行"互助养老公共政策的制定,根据南京市和青岛市实地访谈素材,利用多源流理论介绍中国"时间银行"互助养老公共政策议程的开启过程和制定程序,并提出在制定过程中存

---

① 上述数据来源于 2021 年 3 月青岛市民政局会议材料。

在的现实阻碍。第五章为中国"时间银行"互助养老公共政策的执行,介绍南京市和青岛市"时间银行"互助养老公共政策执行的主要环节,例如政策试点、政策宣传、政策安全保障,利用第三方治理理论说明第三方社会组织在公共事务管理和社会服务中的积极作用,根据政策网络理论描述中国"时间银行"互助养老公共政策执行中的组织体系,从过程和过程背后的组织体系两个角度分析中国"时间银行"互助养老公共政策过程的执行。第六章分析中国"时间银行"互助养老公共政策过程的特点与问题,并提出解决的方案。第七章为全书的总结。本书的研究框架如图 3-1 所示。

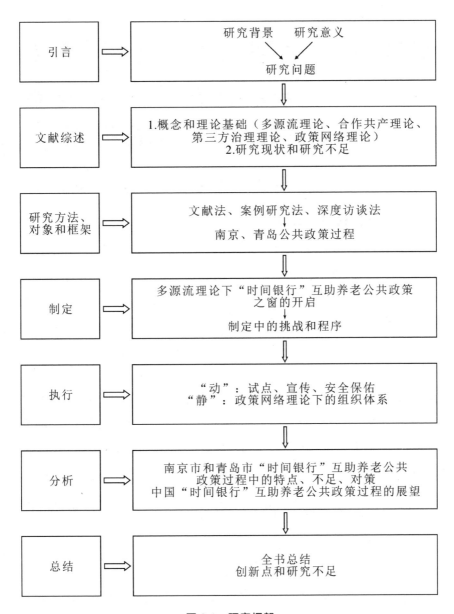

图 3-1　研究框架

第四章 中国"时间银行"互助养老公共政策议程的开启与政策的制定

一、中国"时间银行"互助养老公共政策议程的开启

金登的多源流理论为中国"时间银行"互助养老公共政策研究提供了独特的分析路径,从问题源流、政治源流和政策源流三个角度可以较为清晰地分析中国"时间银行"互助养老公共政策的缘起和如何被提上议程,在这一理论基础上,本章将利用多源流理论,围绕以下问题进行研究:"时间银行"互助养老公共政策出台前,社会发展遇到了什么问题? 为什么要通过"时间银行"互助养老公共政策的制定来解决上述问题? "时间银行"互助养老公共政策的制定是如何进行的? 推动中国"时间银行"互助养老公共政策制定的企业家是谁?"时间银行"互助养老公共政策制定的过程中遇到了哪些困难,如何克服?

(一)中国"时间银行"互助养老公共政策的问题源流

问题源流即政府有待解决的各种问题,它是政策之窗开启的重要推动力。制定公共政策是为了解决问题,因此,制定公共政策前首先要认清问题,以问题推动政策出台,当然并非所有问题都是公共政策需要解决的问题。有学者认为公共政策问题的确定需要遵循以下几个准则:第一,具有一定的代表性,例如人口问题、养老问题等;第二,客观事实与主观认识相统一,例如大

部分人已认识到养老问题的严峻性;第三,出现了强烈的公众要求,需要政府承担责任,发挥作用;第四,形成了明显的政策需要,需要政府从政策的角度解决问题;第五,影响程度深;第六,影响面广、社会公众普遍关心;第七,政府及所属部门职权范围内的问题(桑春红、吴旭红,2018)。基于上述准则,当下,养老已成为中国政府必须关注的重要社会问题。

第一,随着人口老龄化问题的加剧,中国养老面临的挑战越来越大。有数据显示,自 2012 年起,中国劳动年龄人口和人口占比连续 7 年双双下降。受到劳动年龄人口持续减少的影响,中国的劳动力供给总量开始下降,2018 年末,中国就业人员总量首次出现下降,这一下降的趋势还将持续;此外,中国老年人口和人口占比不断上升,持续加重劳动年龄人口的负担,给社会经济发展和社会保障带来持续性的挑战。[①] 2020 年 2 月 28 日,国家统计局发布《中华人民共和国 2019 年国民经济和社会发展统计公报》,截止于 2019 年年末,全国 60 周岁及以上人口约有2.54 亿人,占总人口数的 18.1%,其中 65 周岁及以上人口数为1.76 亿人,占总人口数的 12.6%。[②] 根据国家统计局 2019 年的统计年鉴数据:2014—2018 年,老年抚养比持续上升,其比例分别为 13.7%、14.3%、15%、15.9%、16.8%,人口老龄化程度持续加深。[③]

与此同时,少子化加剧了人口的老龄化。受到生育现状以

---

① 国家统计局.人口总量平稳增长城镇化水平稳步提高[EB/OL]. http://www. moe. gov. cn/s78/A03/moe_560/jytjsj_2017/qg/201808/t20180808_344698. html.

② 国家统计局.中华人民共和国 2019 年国民经济和社会发展统计公报[EB/OL]. http://www. stats. gov. cn/tjsj/zxfb/202002/t20200228_1728913. html.

③ 数据根据国家统计局《2019 年中国统计年鉴》整理。

及社会经济发展等因素的综合影响,中国已从政策性低生育阶段进入文化性低生育阶段,全面二孩政策的实施,虽然能释放生育意愿,但是二孩的生育现状并不乐观。预计中国将在 2028 年前后进入少子老龄化社会,在 2037 年前后,几乎不可避免地进入超少子化和超高龄化并存的人口年龄结构状态(茆长宝,穆光宗,武继磊,2018)。受到顶部老龄化和底部老龄化的双重影响,未来中国人口老龄化程度将持续加重,社会经济发展面临人口老龄化压力。2019 年 11 月 23 日,国务院印发《国家积极应对人口老龄化中长期规划》,明确指出积极应对人口老龄化是中国一项重大的国家战略,并就积极应对人口老龄化的制度建设提出新的要求,即 2022 年制度框架初步建立,2035 年制度安排更加科学,2050 年制度安排成熟科学。① 总之,随着人口老龄化程度的加深,养老已成为当下社会发展急需面对的社会发展问题,积极应对人口老龄化也已上升为中国的国家战略,应对人口老龄化更需从制度建设的角度不断完善。

第二,独居空巢成为养老的突出问题,呼吁更多的社会关爱与政府支持。中国第六次人口普查数据显示,2010 年中国独居老人的数量已达到 1443.97 万人,相比 2000 年,中国独居老年人的数量增长了 84.3%;另根据国家卫计委发布的《中国家庭发展报告(2015)》,中国老年人口数已接近 2.22 亿人,其中约有 10% 的老年人处于独居状态,这就意味着在 2015 年,中国独居老年人的数量可能已超过 2000 万人;相比普通老年人,独居老年人更加缺少来自子代或者配偶的资源供给与支持,且社会支持也十分有限,独居老年人更多的只能依仗自身或自身延展出去的其他社会关系来维持必需的资源供给与支持(张琦,2018)。

---

① 《国家积极应对人口老龄化中长期规划》应对老龄化上升为国家战略[EB/OL]. http://www.gov.cn/xinwen/2019－11/23/content_5454778.html.

中国老龄科学研究中心发布的《2010 年中国城乡老年人口状况追踪调查情况》显示:2010 年,中国城乡空巢老人①数量占老年人口总数的 49.3%,其中独居占比 9.7%,夫妻同居占比 39.6%,较 2006 年增长 8%,较 2000 年增长 10.4%;10 年来,城镇空巢老年人比例由 42% 提高到 54%,农村空巢老年人比例由 37.9% 上升到 45.6%,城镇独居老年人比例由 7.4% 上升到 8.6%,农村独居老年人比例由 8.3% 上升到 10.6%,城镇仅夫妻同居老年人比例由 34.6% 上升到 45.4%,农村的该比例由 29.6% 上升到 35%,由此可以看出,中国老年人口整体上已呈现居住方式空巢、独居化的趋势。②

　　部分城市的空巢、独居化趋势愈加明显。根据北京市老龄办公布的统计数据,2015 年北京市老年人口为 250 万人,占全市常住人口的 15.2%,其中空巢老人超过 100 万人,占老年人口总数的 40%,而在空巢老人家庭中,约有 1/3 为独居老人,独居老年人对助餐的需求大,近 55% 的独居老年人希望在家接受照料服务(关丽净,2019)。《江苏省 2018 年老年人口信息和老龄事业发展状况报告》中的数据显示,越来越多的老年人选择单独居住或与配偶单独居住,抽样调查显示,空巢老年人的比例高达 55.3%,其中农村老人占 57.7%,城镇老人占 42.3%,其中,南京市 60 岁及以上老年人口数为 160.74 万人,占南京市常住人口的 19.05%,65 岁及以上老年人口数为 105.16 万人,占常住人口的 15.05%。有学者在南京某大学进行社区调查后发现,60 岁及以上的老年人占社区人口的比重为 21.5%,其中,

---

　　① 空巢老人是指没有子女照顾、单居或夫妻双居的老人。分为三种情况:一是无儿无女无老伴的孤寡老人;二是有子女但与其分开居住的老人;三是儿女远在外地,不得已寂守空巢的老人。

　　② 数据来源于:2010 年我国城乡老年人口状况追踪调查情况[EB/OL]. https://www.docin.com/p-482023989.html.

60～69 岁的老年人在社区老人中的占比为 29.47％,70～79 岁老年人的比重为 43.98％,80～89 岁老年人的比重为 17.66％,90 岁以上老年人的比重为 8.89％,独居老年人占社区老年人的比重为 7.7％(林世龙,2016)。南京作为江苏省省会,是江苏省的政治文化中心,也是长三角及华东地区的经济中心之一,南京市早在 20 世纪 80 年代便已迈入人口老龄化社会之列,是全国人口老龄化程度较高、发展较快的城市之一(汪怡,2015)。在人口老龄化的背景下,南京市面临解决好养老问题和重点解决独居空巢老人的养老问题。

青岛市统计局 2018 年的数据显示:2017 年末,青岛全市 60 岁及以上老年人数达到 202.7 万人,较 2016 年增加 13.06 万人,同比增长 6.9％,增速明显高于青岛市人口平均增速(0.94％),老年人口数占青岛市总人口的比重为 21.8％,较 2016 年提升 1.2％,青岛市人口老龄化水平高于全国(17.3％)4.5 个百分点,高于山东省全省(21.36％)0.44 个百分点,青岛市 65 岁及以上人口数为 131.09 万人,同比增长 7.98％,占总人口比重 14.11％,提升 0.92 个百分点;青岛市超半数老年人为空巢老年人,单身独居老年人占比超 10％,子女与父母分居的情况越来越普遍,生活在空巢家庭的老年人口比例呈日益增加趋势。2017 年末,全市老年人口中,空巢老年人占 60 岁及以上老年人的比例为 53.2％,比 2016 年提高 4.19％,单身独居空巢老年人占比为 12.6％,同比提高 0.8％,夫妻同居空巢老年人占比为 40.6％,同比提高 3.02％。①。有学者对山东省青岛市的 L 街道进行调查后发现,截至 2016 年底,该街道 60 岁及以上老年人共计 4556 人,占总人口的 26.35％,其中 70 岁以上空巢

---

① 数据来源于:青岛老年人口已超 200 万 全市总人口占比 21.8％[EB/OL]. https://qd.ifeng.com/a/20181016/6950888_0.shtml.

老年人 94 人,该街道的空巢情况已超过全国平均水平(薛栋, 2018)。

第三,家庭代际支持与社会专业养老支持的不足,影响老有所养。根据家庭现代化理论,在现代化过程中,家庭会向小规模的核心家庭转变,家庭结构呈现小型化,传统的养老方式发生了转变,家庭代际关系的重心开始倾斜,曾经"父母养儿、子女反哺"的双向平衡关系逐步被打破。相比于农村地区,城市家庭结构的小型化更加明显,而相比于多子女家庭,独生子女与老人同住的概率更低,家庭代际支持难以满足老年人的养老需求(徐颖艺,2019)。中国进入高速城市化发展阶段后,大量人口向城市迁移,导致家庭代际支持难以实现。有学者对南京市 400 户独居老年人的心理健康情况进行了调查,结果发现 58% 的老年人表示"感到很孤独"。研究表明,孤独感导致很多老年人抑郁甚至产生自杀等消极厌世行为,独居老年人比其他群体需要关爱(蔡旭东,2015)。庄云(2014)认为独居老年人在当前的社会中存在诸多困境,例如,当前社会养老和医疗保险制度不够健全,专门针对独居老人的政策法规还不完善,社区养老的力量比较薄弱,缺少对独居老人的照顾,存在老年人被歧视现象,数字鸿沟加重了老年人的孤独感。而农村独居老年人也存在着支持主体疏离、支持内容缺失等问题,且农村独居老年人的社会支持网络已濒临破裂(金可,2020)。

此外,在专业护工支持方面,中国养老也面临种种挑战。例如,高娜(2019)研究发现,中国青岛市存在护理人员数量少、专业性差等问题,当前,青岛市的护理人员与需要服务者的数量比大约为 1:3,这说明青岛市 1 位护理人员需要照顾 3 位老年人,这一比例远低于国际水平,国外如丹麦等养老护理产业较为发达的国家的这一比例为 1:1.5。孙唐水(2009)认为中国存在护工数量严重不足、人力资源配置不全、护理人员专业素质较低、人力资源不稳定等诸多问题。白婧文(2011)对江苏省7个市的296家养老机构进行调查后发现了以下问题:一是专职护理人员中专职护工所占的比重较大,为88.48%,但是专职护工的整体文化和专业水平很低;二是整体上护工均缺乏老年护理知识,仅少数毕业于康复护理专业的护士接受过长期、专业、规范、系统的老年医疗、康复、保健护理培训;三是从事养老护理人员的工作年限普遍偏短,工作经验不足,文化水平及专业水平偏低,甚至存在无证上岗情况;四是老年护理人员招聘难,且人才流动性大。有学者对成都市公立养老机构进行调查后发现,大部分护理机构护理队伍少、学历层次偏低,有待政府加强政策支持,进一步引导相关社会人员和专业院校毕业生从事养老护理工作,以增加养老机构护理人员的数量并提升其质量(曹利军、林琳等,2015)。

国家提出要构建以居家为基础、社区为依托、机构为补充的多层次养老服务体系,其中居家养老和社区养老为重点。在这一背景下,不论是南京市,还是青岛市,养老除了家庭代际支持以外,更需要社会和政府的支持,在家庭代际支持无法满足养老需求的背景下,建立新的支持体系成为中国养老机构和各级地方政府急需解决的难题。

具体来看,南京市在养老服务方面面临两大问题:一是养老服务人员及专业养老护理人员短缺;二是财政支出无法保障所有老年人得到专业的养老服务。南京市政府希望通过建立"时间银行"机制,发挥更多社会志愿者在养老服务中的作用,壮大养老服务人才队伍,从而缓解社会对老年人的抚养压力,减轻政府财政负担。

当时为什么想发展"时间银行",是因为社会对它有需要,因为养老服务人员还存在短缺的情况。以南京为例,从护理人才这方面来说,可能有一两万人的缺口。现在养老行业的发展相对滞后,难以吸引足够的养老服务人员进入行业,尤其是社区居家服务人员更显不足,所以我们想通过志愿服务这种形式来吸引人才。这是现实的工作需要。我们希望通过更多的渠道,让更多的人来提供养老服务,而"时间银行"正是一种比较好的形式。

——南京市民政局养老服务处负责人 Y

我们曾做过一项调查,想了解居家养老的护理员到底有多少。调查结果让我们吃惊。南京市的居家养老中心有五六百个,工作人员总数为 3000 人左右,其中管理人员大概有 1700人,一线的服务人员大概 1000 人,两项合计大概 2700 人,我们以 3000 人计。而需要提供服务的老年人总数将近 30 万人。折算下来,相当于 1 名工作人员需要为 100 位老年人提供服务。如果单纯采用居家养老的形式,显然非常困难。但是我们进一步调查发现,能提供养老服务的志愿者人数却不少,已经达到了26000 人。两者相加,能提供养老服务的人员达 30000 人。这种情况下,30000 人为 30 万人提供服务,压力就小多了。

——南京市民政局养老服务处负责人 C

2020 年我国高校毕业生为 870 多万人,但养老专业的毕业生不足 3000 人,这样的数量完全不能满足社会对养老人才的需求,导致很多养老机构只能通过"挖"的方式来寻找提供养老服务的人员。

——南京养老志愿服务联合会负责人 S

青岛市政府对养老服务对象进行了精准定位,通过对三无老人、空巢老人、高龄老人不同人群的真实服务需求的回应,寻求政府施政空间。例如,与部分失能老年人需要专业化的护理与服务不同,大部分老年人只需要助餐等日常生活类服务,专业要求不高,可以由志愿者提供相关服务,而政府对于日常养老服务无法全部兜底,将有限的财政支出更多地用于部分失能老年人,由此,社会支持成为政府购买服务以外大部分日常养老服务的重要供给方式,成为对市场与政府机制的补充。在这一背景下,青岛市政府通过促进"时间银行"这一社会服务机制的发展来弥补政府服务的不足,满足养老需求。

养老服务是分层分类的,最基础层次的人员是政府兜底对象,在城市叫"三无"老人,在农村叫"五保"老人,他们是养老服务的重中之重。政府在城市建立社会福利院,在农村建立敬老院,都是为了给这些老年人提供生活保障。

在社会上,老年人分为多种不同的类型,第一类是身体健康的且属于低龄的老年人,他们基本上不需要养老服务,更多地需要社会提供休闲娱乐活动的场所,满足精神上的需求。各地建立的日间照料中心,主要就是为了满足这些老年人的需求。

第二类是失能失智的老人,这些老人对养老服务有刚需。他们的养老需求通过家庭、社会、政府等来满足。政府鼓励和支持社会力量兴办养老机构,青岛兴办了278所社会性养老机构,政府给予这些机构一定的补助,通过社会力量来提供养老服务,满足老年人的需求。

还有一类老人,他们的身体相对健康,但是年龄偏大,被称为高龄空巢老人,他们需要介入性养老服务,但是往往不愿意去养老机构,而他们的子女又不在身边。这部分老年人需要的一般是取药、送餐、做卫生等服务,这样的服务专业性不强,可以由一般的志愿者提供,采用"时间银行"正好可以精准地为这部分老人提供服务,满足他们的需求。

——青岛市民政局养老服务处负责人 Q

通过对南京市和青岛市民政系统相关负责人的访谈发现,不论是南京市,还是青岛市,养老确实已成为政府关注的重要工作内容,而重点老年人的养老更是养老工作的重中之重。而"时间银行"的产生以及发展,是因为政府基于原有方式、现有资源在促进社会发展、解决养老问题方面遇到了新的挑战,从而开始探索新的解决路径。这体现了中国政府以人民为中心的政绩观,即始终关注人民的需求,保障不同人群和特殊人群的核心利益,重点关注空巢、高龄、三无、五保等老年人的养老需求与现实问题,积极发挥政府的兜底作用与引导作用,鼓励社会力量参与养老服务的提供。在人口老龄化这一社会发展背景下,政府难以为所有老年人的养老服务兜底,专业养老护工人才的短缺、家庭代际支持不足等诸多社会问题成为政府公共政策必须及时解决的社会问题。在上述问题源流的推动下,"时间银行"机制逐渐获得政府以及社会各界的关注,将"时间银行"机制作用于养老服务的研究逐步进入中国政府的视野之中。

(二)中国"时间银行"互助养老公共政策的政策源流

有学者认为,社会问题虽然能够引起政府与社会各界的重视,但是并不一定能够排上政府决策者的政策议程,需要有吸引人的备选方案和政策建议,而备选方案和政策建议需要由特定领域的专业人员提出。在这个过程中,议案不断被提出、讨论与修改,是一个反反复复的过程(曾令发,2007)。其中,政策共同体或政治精英在政策方案的制定和选择等过程中发挥了重要作用,根据多源流理论,政治精英主要包括两种类型:一种是以总统、高级官员、政党、媒体等公众性人物或组织为代表的可见参与者,另一种则是指专家学者、专业组织、政府机构普通办事员、智库机构等潜在参与者(丁文,2017)。政策方案经过政策共同体或政治精英讨论、宣传后,逐步达成统一,对某一社会问题或某一政策产生了新的认识。

1.志愿服务精神与文化成为中国"时间银行"开展的精神与文化基石

"时间银行"互助养老公共政策出台的前提是志愿服务精神

与文化在全社会的发展与弘扬,其为"时间银行"的发展奠定了重要的精神与文化基础,营造了"时间银行"互助养老公共政策的良好社会文化环境。中国现代志愿服务精神既受到西方志愿精神的影响,也是中华传统文化的弘扬与发展。学雷锋精神就为中国志愿服务事业的良好发展奠定了坚实的社会文化基础(魏娜,2013)。陈功和黄国桂(2017)认为,"时间银行"在中国的实践发展历程包括传统实践期、萌芽探索期和加速发展期,而关于"时间银行"的政策直到加速发展期才开始出现,"时间银行"在中国的发展走出了一条"实践领先政策"的道路。目前"时间银行"的政策主要与志愿服务和公益政策相关,如2008年民政部下发的《中华人民共和国慈善事业促进法》,第十三次全国民政会议上提出的"探索公民慈善志愿服务记录制度",民政部提出的《关于开展志愿服务记录制度试点工作的通知》,中央文明办、教育部等部门颁布的《关于规范志愿服务记录证明工作的指导意见》《关于教师参与志愿服务活动的指导意见》等,这些规章制度促进了中国志愿服务体系的进一步完善和志愿文化、精神的弘扬。民众对于志愿活动和志愿服务精神有了正面的印象和评价,越来越多的民众自发地加入志愿服务和志愿公益活动中,极大地提高了志愿者服务的社会认知度、接受度和人们对志愿者服务的参与度,促使更多的人投身于志愿服务事业之中,这为中国"时间银行"的发展奠定了社会文化和群众基础。在志愿服务精神与文化的弘扬中,中国民众对志愿服务有了更深入的认识。志愿服务事业得以不断发展。2010年,民政部出台了《民政部关于进一步推进志愿者注册工作的通知》,倡导志愿服务,中国志愿服务获得官方的认可,志愿服务事业开始迈入规范性发展轨道。2017年,国务院出台《志愿者服务条例》,为保障志愿者、志愿组织和志愿服务对象的合法权利,推动志愿服务的规范化和法制化奠定了基础,志愿服务事业进一步发展。

2. 养老等公共政策为中国"时间银行"互助养老公共政策提供了政策"原汤"

志愿服务以及志愿服务登记、记录等制度的完善，为"时间银行"互助养老公共政策的出台提供了政策"原汤"。

一些政策将"时间银行"与志愿服务结合。例如，2016 年，民政部、国家发展改革委等 16 部门联合印发《城乡社区服务体系建设规划（2016－2020 年）》，提出在城乡社区推行志愿者星级认定和嘉许制度，健全"时间银行"等志愿服务回馈制度，推进社区志愿服务常态化发展。

还有一些政策将"时间银行"与养老志愿服务结合。2017年，在国家出台的《"十三五"国家老龄事业发展和养老体系建设规划》中提出要推行志愿服务记录制度，鼓励老年人参加志愿服务。这一政策的出台，使得养老互助、养老志愿服务得到了关注与发展。之后，"时间银行"逐步从志愿服务向养老志愿服务迈进。2019 年 2 月 20 日，国家发展改革委、民政部、国家卫生健康委联合出台了《城企联动普惠养老专项行动实施方案（试行）》，提出要建立"时间银行"制度，积极做好志愿者培育工作，定期组织志愿者团队开展养老志愿服务活动，鼓励养老机构实施"时间银行"模式发展志愿服务，服务内容及志愿者纳入当地民政部门考核，达到一定规模给予适当奖励，这一政策进一步将养老与"时间银行"密切联系在一起。2019 年 11 月，"时间银行"正式成为《国家积极应对人口老龄化中长期规划》中衡量各地养老事业发展水平的重要评价指标，标志着"时间银行"从政策建议内容向中国养老事业相关政策评价标准这一法律地位迈进，上述政策为中国"时间银行"互助养老公共政策的议程提供了多种政策"原汤"，乃至成为地方政府制定"时间银行"互助养老公共政策的上位法，为地方政府起草和制定"时间银行"互助养老公共政策指明了方向。

"时间银行"志愿服务,到底是无偿的还是有偿的? 这是很重要的一个问题。对于这个问题,我们内部产生过很大的分歧。国家将"时间银行"的上位法确定为《志愿服务条例》,说明"时间银行"是一种志愿服务,它的宗旨是无私奉献、互帮互助,这是中华民族的传统美德,明确了这一点,"时间银行"的执行就畅通多了。

——南京市民政局养老服务处负责人 C

"时间银行"的上位法是《志愿服务条例》。我们参考《志愿服务条例》制定了南京市"时间银行"互助养老公共政策,确定了"时间银行"的概念、内容、志愿者的权利和义务等。

——南京养老志愿服务联合会负责人 S

通过对南京市政府机关部分人员以及相关政策制定专家的调查发现,南京市"时间银行"互助养老政策以国家宏观政策《志愿服务条例》为上位法,突出"时间银行"在志愿服务方面的合法地位,强调"时间银行"服务的志愿性与公益性,即"时间银行"机制下的服务时间可以等价兑换他人相同时间的服务,时间等价且不因工种的不同产生时间价值的差异。在南京市"时间银行"互助养老公共政策起草讨论的过程中,有一些专家提出了不同意见,比如有专家提出需要根据难度系数兑换时间。对于单位服务时间的折算以及服务难度系数的确定问题,南京市按照《志愿服务条例》中体现志的愿服务精神,强调人与人的互助,而不是市场价值的完全对等,这体现了中国"时间银行"互助养老公共政策的制定更加注重公益与社会价值,而非市场经济价值,凸显了志愿精神在中国"时间银行"互助养老公共政策中的价值导向作用。

在"时间银行"中,有一个关于难度系数的问题。比如有这样的情况,两位志愿者为一位老年人提供服务,一位志愿者打扫卫生一小时,另外一位志愿者是一名经验丰富、水平很高的中医,他上门为老人推拿一个小时,从市场的角度来说,服务的价值存在差别,在"时间银行"相关指标的计算中是否需要设置难度系数?对于这个问题,考虑到各项服务的复杂程度不同,设置难度系数的操作成本比较高,而且"时间银行"政策制定的背景是弘扬中华民族互帮互助、无私奉献的传统美德,综合考虑后,我们决定不设置难度系数。

——南京市民政局养老服务处负责人 C

在政策的起草过程中,政府和民政局领导曾经提出过不少要求和建议。最初,我们确定的标准是以 1∶1 的比例,时间兑换时间、服务兑换服务,原则是时间面前人人平等,不存在权重的差异。初步的方案提交给市里以后,市领导召集了一批专家,对"时间银行"互助养老政策的文字材料进行了审核,曾有专家认为时间的储蓄要有利息,不同的服务类别之间要有权重的区别。经过多轮的专家审核和讨论后,基于"时间银行"的上位法是《志愿服务条例》,综合考虑各种因素,领导最终还是决定保持原来的模式,即时间换时间、服务换服务,每个人的时间等价,不根据工种划分。

——南京养老志愿服务联合会负责人 S

青岛市"时间银行"互助养老公共政策的"原汤"除了国家层面的政策文件,还包含地方政府层面的政策文件,例如青岛市在起草"时间银行"互助养老公共政策前参考了南京市"时间银行"互助养老公共政策的内容,但并不是完全的复制,而是围绕青岛市本身在养老服务方面的特点,量体裁衣,体现出了青岛市"时间银行"互助养老公共政策的地方性。

我们学习南京的做法,认为"时间银行"政策的执行应注重公益性,不追求经济效益。

——青岛市民政局养老服务处负责人 Q

目前养老服务"时间银行"做得最好的是南京,我们青岛相关部门领导早期曾带领团队到南京去调研,希望学习南京的成功经验,让青岛少走弯路,在这个基础上,再根据青岛的具体情况,完善"时间银行"的具体实施方案,体现青岛特色。

——青岛市"时间银行"管理中心负责人C

南京市和青岛市的"时间银行"互助养老公共政策在服务内容上完全参考了《国务院关于加快发展养老服务业的若干意见》(国发〔2013〕35号文件)的内容,明确"时间银行"主要开展"助餐、助浴、助洁、助急、助医"五个服务项目,由此可见,"时间银行"互助养老公共政策的起草受到了中国养老相关政策的影响。

根据国务院颁发《国务院关于加快发展养老服务业的若干意见》,我们设置了社会最需要的包括助餐、助浴等在内的居家上门服务。

——南京市民政局养老服务处负责人C

目前在青岛试点的是助餐、助浴、助洁、助急、助医这5项服务,在这一常规的5项志愿服务的基础上,再进行拓展和延伸。

——青岛市民政局养老服务处负责人Q

通过访谈发现,《志愿服务条例》中的志愿服务精神是南京市和青岛市"时间银行"互助养老公共政策起草的主要原则,即强调"时间银行"的互助性与公益性,两地在具体颁布的政策内容中都将制定原则统一为"坚持公益性、互助性、激励性、持续性"。受到问题源流与国内养老相关政策的影响,最终两地的"时间银行"互助养老公共政策都与养老服务密切相关。问题源流与政策源流的汇集,对推动"时间银行"互助养老公共政策的制定形成了合力,既明确了"时间银行"互助养老公共政策需要解决的问题,明确了"时间银行"互助养老公共政策的政策目标,又找到了"时间银行"互助养老公共政策可以依靠的上位法或者遵循的法律政策的立法精神。

(三)中国"时间银行"互助养老公共政策的政治源流

根据金登的多源流理论,政治源流独立于焦点事件和政策源流,是动态运动的,主要包括国民情绪的变化、有组织的党政力量、政府换届、政党选举等对政策议程产生的影响(约翰·W.金登,2004)。多源流理论源于西方,在中国也有应用,体现了中国的体制特征和本土化特点。中国共产党的领导主要包括政治、思想和组织三个方面的领导,而政治领导,是党对国家的政治方向、政治原则、重大决策的领导,它在党的路线、方针和政策上都有体现,这是中国共产党最基本的领导原则。中国共产党在政治方面的领导,决定了在中国的政治生态中,党政力量主导下的政治制度会影响一些政策的选择,其中国家发展的战略导向和核心领导者的政策偏好发挥着重要作用,引导着国家政策的发展动向(丁文,2017)。

调研中发现,当社会发展面临养老问题时,政府会积极学习国内外发展经验,通过探索"时间银行"这一新路径,解决家庭养老能力不足、养老专业人才不够、政府财政支持难以保障等养老问题。在这一政治源流中,形成了中央和地方统一行动、党政领导高度重视、相关部门积极落实的具有中国政治体制特色的"时间银行"事业政治推动体系。

南京市和青岛市"时间银行"互助养老公共政策的出台或者说"时间银行"养老事业的发展,其政治源流起于中央机关、国家部委的工作建议,地方党政机关和政府主要领导高度重视中央要求与工作建议,安排相关部门研究是否可以开展"时间银行"养老服务,并以民政局作为养老服务"时间银行"的具体推动与落实部门,形成了系统的、自上而下的政治工作传递路径。

2017年,外交部外交管理局将瑞士"时间银行"的做法撰写了一份报告,并下发至全国县以上人民政府。我们市长对此做了批示,要求借鉴瑞士的做法,请南京市民政局研究在南京建"时间银行"。

——南京市民政局养老服务处负责人 C

"时间银行"进入议程,首先得益于领导的推动,山东省委常委、青岛市委书记王书记在看了国外的一份材料之后,提出请民政局牵头研究"时间银行"的问题。之后,我们就抓紧推进这项工作。

——青岛市民政局养老服务处负责人 Q

通过访谈发现,南京市和青岛市"时间银行"互助养老公共政策之所以能较为系统、快速地被提上政府议程,成为全市层面的政策规章,最重要的还是得益于党政力量在执政体系中自上而下的推动作用。这一政治体制最大的优势在于,可以将"时间银行"养老服务工作作为政府重要的工作,能够集中一定的人力、物力、财力,在较短或者规定的时间内完成"时间银行"互助养老公共政策的调研、论证等工作。例如,南京市政府领导亲自参与了"时间银行"互助养老公共政策的调研与前期论证,明确指出要在 2019 年完成相关工作,定期了解"时间银行"工作的进展,督促政府相关部门落实相关工作。青岛市政府组织相关人员赴外地进行"时间银行"集体调研,探索青岛市"时间银行"的发展路径。由此可见,南京市和青岛市"时间银行"互助养老公共政策的制定过程中,党政力量是重要推手,发挥了积极作用。

"时间银行"引起了领导的高度关注和充分重视,上级部门要求 2019 年启动,2020 年全面推开。对此,各级部门都对"时间银行"进行了调研,推进的速度大大加快。

——南京市民政局养老服务处负责人 C

市领导对"时间银行"非常重视,分管我们工作的胡副市长,要求我们每个月向她汇报"时间银行"工作的进展情况,这项工作进展很快。

——南京市民政局养老服务处负责人 Y

在青岛建立"时间银行"之前,我已经有所耳闻,在参与青岛市政府组织的赴南京集体调研学习后,对"时间银行"有了更清楚的认识。领导很认可这种模式,召集大家进行研究,出台相关的政策。后来政府出台的政策,正是基于学习的经验、实践的基础以及大家的讨论意见,一步步形成的。

——青岛市"时间银行"某养老服务处负责人 S

(四)中国"时间银行"互助养老公共政策企业家

在中国具体的实践中,"时间银行"互助养老公共政策议程的开启是三种源流共同作用的结果。这一政策之窗开启的过程是三种源流交织汇聚的过程,推动了中国"时间银行"互助养老公共政策向前发展,并进入政府议程。正如上文所述,南京市以及青岛市"时间银行"互助养老公共政策之窗的开启,首先源于在中国人口老龄化的背景下,家庭养老、代际支持、社会支持和政府支持存在问题,形成了推动"时间银行"互助养老公共政策出台的问题源流,在《志愿服务条例》和国家养老相关政策的引导下,"时间银行"成为养老服务和老年人互助养老志愿服务的一种新形式,得到了政府以及社会各界的认同。在问题源流和政策源流的促进下,中央政府、党政领导和政府具体行政部门开始推动"时间银行"纳入政府议程,通过政府主导的政治组织方式,进一步推动了中国"时间银行"互助养老公共政策之窗的开启。

在多源流理论中,金登提到了政策企业家的作用,他指出,当机会出现时,优秀的政策企业家会迅速抓住机会并推动焦点事件、政策方案、政治环境三种源流的融合与统一,经过合法化的过程,使政策企业家关注的问题进入政策议程。政策企业家既包括与政治直接相关的人员,例如政府官员,也包括社会各界人士,如专家学者、行业精英或媒体人员等。金登认为政策企业家拥有听证权、谈判技能和坚强的意志,频繁出现在问题、政策和政治源流之中,他们长期等待着政策之窗的开启(丁文,2017)。

中国"时间银行"互助养老公共政策议程的正式开启,体现了中国"时间银行"互助养老公共政策企业家的积极作用。在中国,"时间银行"互助养老公共政策企业家主要为民政局养老服务处的政府官员,他们长期根植于养老服务领域,对地方养老服务工作与养老实践情况十分了解,同时,基于工作职责要求与为人民服务的宗旨,致力于将创新发展方式,如"时间银行"等,纳入政府的政策文件中,推动"时间银行"互助养老公共政策的起草与制定,实现问题源流、政策源流、政治源流三流合一。

作为南京市"时间银行"互助养老公共政策企业家,南京市民政局养老服务处负责人在市级"时间银行"互助养老公共政策出台前,就积极推动将"时间银行"纳入工作职责以及相关的政府文件中,在《南京市社区居家养老服务实施办法》《南京市居家养老服务中心评定标准》等市级政策文件中纳入"时间银行",使"时间银行"成为地方政府互助养老服务政策的重要内容,实现了"时间银行"的合法化,以及政策企业家个人意愿与政府工作的统一,为"时间银行"互助养老公共政策的发展提供了政策与社会基础。在问题源流、政策源流和政治源流三流合一,舆论、民意、政府领导意愿、实践都具有了一定基础后,政策企业家提出制定市级"时间银行"互助养老公共政策,推动中国"时间银行"互助养老公共政策向制定这关键一步跨越。

南京市"时间银行"互助养老公共政策企业家在上述政策的制定过程中体现了主动性与前瞻性,通过长期的政策合法化努力与实践,实现了个人主观能动性与南京市"时间银行"互助养老公共政策制定客观性工作要求的统一,既有个人的积极作用,也有问题源流、政策源流和政治源流的影响。而青岛市"时间银行"互助养老公共政策企业家也为市民政局养老服务处负责人，其对"时间银行"互助养老公共政策的推动，主要受政治源流的影响，即由党政领导下达行政命令，结合部门工作职责，经党政领导同意后，开启了青岛市"时间银行"互助养老公共政策制定的进程。

> 省委常委、市委书记王书记批示"时间银行"的相关文件后，我们处长在中间起到了牵头的作用，他带领我们学习南京的经验，结合青岛养老服务的实际情况，积极与财政部门沟通，争取财政支持，逐步制定了"时间银行"的实施方案，经局党委会讨论后通过向相关部门发布了这个文件。
>
> ——青岛市民政局养老服务处工作人员 Z

南京市和青岛市"时间银行"互助养老公共政策的成功制定，既源于养老公共政策企业家的努力，也源于问题源流、政策源流和政治源流三流合一之力，这是推动中国"时间银行"互助养老公共政策被提上议程最重要的力量。

二、中国"时间银行"互助养老公共政策的制定

上文回顾了中国"时间银行"互助养老公共政策的政策之窗是如何开启的，即为什么要将"时间银行"互助养老公共政策的制定提上政府议程、由谁主导与推动，希望达到什么样的政策目标。下面将详细分析中国"时间银行"互助养老公共政策在制定过程中是如何规划与完善的，着重分析"时间银行"互助养老公共政策制定中遇到的阻力以及克服的方法和政策制定的原则，"时间银行"互助养老公共政策是如何从草案到最终稿的，"时间银行"互助养老公共政策合法化的过程，以总结南京市和青岛市"时间银行"互助养老公共政策的制定经验与特点。

（一）中国"时间银行"互助养老公共政策制定的挑战

在中国，志愿服务工作的分管部门，既可以是民政系统的社会福利和慈善部门，也可以是养老服务部门；养老问题的解决，既与老龄办有关，也与民政系统有关。从应用发展的角度来看，"时间银行"既能广泛应用于志愿服务，也能用于互助养老，因此，"时间银行"会出现多个部门主管的情况。

不论是南京市还是青岛市，在制定"时间银行"互助养老公共政策的过程中，存在着各相关部门利益与权力的博弈，会出现冲突与矛盾，需要妥善解决。

"时间银行"这一名称曾受金融银行的质疑，在制定南京市"时间银行"互助养老公共政策的过程中，南京银行认为其会对实体金融银行产生冲击，需要先获得上级主管部门的认可，"时间银行"的成立需要合法化。

对于"时间银行"这个名称，曾经有过不同的意见。2018年，我们局局长曾经带着分管领导去南京银行，与其负责人进行座谈。南京银行方面提出，"时间银行"的名称不妥，因为一方面"银行"这两个字的使用需要获得国家金融机构的许可，另一方面，此"银行"非彼"银行"，使用"时间银行"会对实体银行产生冲击。后来，南京市副市长专门带队到民政部和国家金融办对这件事进行了汇报。最后上级部门同意使用"时间银行"这个称呼，认为这只是银行理念的延伸，"时间银行"的称呼通俗易懂，而且国外也大多使用这个称呼，这个名称就这样定了。

——南京市民政局养老服务处负责人C

"时间银行"互助养老公共政策的制定，应是一个从部门利益重合、冲突到形成共力、合力的过程，强调数据信息的共享，突出部门之间的政绩共享，通过服务内容的交叉，实现不同部门利益的统一。例如,青岛市民政系统推动的"时间银行"更聚焦于养老志愿服务,这符合问题源流下中国"时间银行"的应用定位,而青岛市人力资源和社会保障系统则更多地从志愿服务的角度切入。对此,民政系统将养老服务的"时间银行"纳入人力资源和社会保障系统的"时间银行"服务体系中,避免两个政府部门分管业务的重叠,实现服务系统的统一。两个部门合作,实现了信息与数据的共享,通过社保卡,既能查询社保余额,也能查询养老"时间银行"余额,从而达到了两个部门同时为"时间银行"担保、信用背书的效果,为青岛市民政局牵头的养老服务"时间银行"互助养老公共政策的制定扫除了障碍。

人社部门也在建设"时间银行",和我们民政部门的"时间银行"政策定位不一样,我们叫养老服务"时间银行"。人社部门"时间银行"的对象包括儿童服务、妇女、残疾人等人群,而我们民政部门"时间银行"的服务对象只是高龄空巢独居老年人,两者兼容,互不冲突,可以共享资源,这是我们和人社部门达成的共识。志愿者之所以愿意加入"时间银行",是基于对政府的信任,对民政部门和人社部门的信任,两个部门的信息可以共享,比如可以在社保业务范围加上养老"时间银行"模块,志愿者通过社保卡,不仅可以查询社保余额,还可以查询养老服务"时间银行"的余额,这样,既提高了人们对"时间银行"的信任度,也拓宽了社保的范围。

——青岛市民政局养老服务处负责人 Q

(二)中国"时间银行"互助养老公共政策制定的程序

公共政策的制定,是一个从无到有的动态发展过程。中国"时间银行"互助养老公共政策的出台,并不是一蹴而就的,而是经历了一个相对复杂的发展过程。"时间银行"互助养老公共政策一般按以下的程序制定。

1. 开展前期调研与理论研究

在"时间银行"互助养老公共政策被提上议程以后,南京市和青岛市都在前期开展了调研工作。调研工作组由党政领导带队,政府主管部门牵头,赴已开展"时间银行"实践的地区进行前期调研和理论研究,在了解"时间银行"的发展现状和总结地方经验的基础上,结合自身的发展特点,明确地方"时间银行"互助养老公共政策制定的方向。

包括市长、副市长在内的市领导都很重视"时间银行"的建立,副市长曾先后到南宁、广州等地进行调研,并通过网络等渠道查询了很多资料和信息。先前我们对"时间银行"的了解并不多,经过多方调研,我们对"时间银行"内涵的理解深刻和丰富多了。

——南京市民政局养老服务处负责人 C

市委书记要求我们去先进地区对"时间银行"进行调研和学习,并在青岛推广。任务下达后,我们抓紧时间,先后去了南京、无锡等地进行认真的学习,回来后根据青岛的实际情况,开展"时间银行"的相关工作。我们深刻地感觉到,"时间银行"不是个噱头,而是有实实在在的价值和作用的,能在养老服务这个领域大展拳脚。

——青岛市民政局养老服务处负责人 Q

2. 政府主导下多方共同制定

公共政策总是在一定的国家体制下产生和实施的,国家体制在一定程度上决定了公共政策的内容、性质等(梁之栋,2017)。政府作为公共决策的主体,必须保证其决策信息的及时、有效与科学、民主,因此,政府必须与民众积极沟通,(朱亚鹏,2013)。政策的制定是一个复杂的过程,既要有官方公共政策主体的参与,也要有非官方政策主体的参与,政府还需要鼓励社会组织、专家学者等参与政策制定,使制定的公共政策具有科学性、合法性与民主性。

访谈发现,在南京市和青岛市"时间银行"互助养老公共政策的起草与制定过程中,形成了政府主导,社会专业组织、相关专家与民众广泛参与的"时间银行"互助养老公共政策联合政策共同体,由党政领导、政府工作人员提出工作方向与目标,委托社会专业组织以及专家学者进行调查论证,社会专业组织——南京养老志愿服务联合会起到了重要的作用,全程参与了政策草案的起草,围绕"时间银行"可能出现的问题,提前开展了调研并提出了相应的政策建议。

"时间银行"相关政策是我们团队起草的,政府负责最后的把关。对我们来说,政府购买的不仅仅是材料,还是我们前期开展的所有调研工作。对"时间银行"在市级范围进行调研,政府给我们拨了专项经费。民政部门对"时间银行"的相关工作态度非常严谨,请专家对我们提交的所有材料进行了论证。

——南京养老志愿服务联合会负责人 S

在政策的制定上,我们所起到的主要是辅助性作用,带着政府部门去往前走,对于具体是否可行、是否具有可操作性的判断,还是需要由他们做出,方向确定以后,再进行试点、总结、推广。我们成立了一个政策制定小组,青岛市民政局养老服务处的领导是组长,青岛养老志愿服务联合会的会长是副组长。在不断的沟通与交流中,我们逐步将政策框架搭建起来,并一点一点完善。

——青岛市"时间银行"管理中心负责人 C

在政府部门中,市政府党政领导高度重视、全程参与"时间银行"互助养老公共政策的制定工作,例如,南京市副市长亲自召集专家,开展了专家论证。民政局养老服务处的负责人以及相关工作人员直接参与了政策的制定。草案确定后,民政局养老服务处和社会专业组织一同就起草的"时间银行"互助养老公共政策草案进行了多轮论证,征求了专家学者、民主党派、普通民众等不同人群的意见,根据意见逐步完善了政策框架与内容。正是因为社会各界的广泛参与,使得"时间银行"互助养老公共政策的制定过程更加科学化和民主化。

市长对于"时间银行"的相关政策草案多次进行审阅,多次提意见,其他领导,包括市政府副秘书长和民政局局长、分管局长、处长等都很重视,另外,还邀请了一些大学教授、志愿服务组织的负责人以及一般民众等参与了标准细则的修改和调整。起草文件过程中遇到了很多问题,总体上都是由政府组织和牵头。"时间银行"相关政策的制定,绝对不是光靠哪一个人哪一个部门就能干出来的,是几百上千人努力的成果。

——南京市民政局养老服务处负责人 C

青岛"时间银行"的实施方案是在我们处长的牵头下,组织相关人员,结合青岛实际起草的。在文件起草的过程中,我们已经征求了各方意见,考虑了各方面因素。

——青岛市民政局养老服务处工作人员 Z

三、小结

南京市和青岛市"时间银行"互助养老公共政策的制定,经历了政策议程的开启和政策的制定两大过程。制定"时间银行"互助养老公共政策,是为了解决养老等社会问题,受志愿服务和养老相关国家政策的影响,在党政领导和政府相关政策企业家的主导与推动下,实现了"时间银行"互助养老公共政策的问题源流、政策源流和政治源流的三流合一,正式开启了"时间银行"互助养老公共政策的起草与制定。在起草"时间银行"互助养老公共政策的过程中,政府发挥主导作用,社会专业组织、专家学者、一般民众也发挥了重要的作用,他们不仅广泛参与政策制定前期的调研工作,还发挥参政议政的作用,从而保障了中国"时间银行"互助养老公共政策的科学性、民主性和合法性。中国"时间银行"互助养老公共政策能够在南京市和青岛市得到良好发展,不仅因为两地明确了"时间银行"互助养老公共政策的制定目标,满足了《志愿服务条例》等上位法的要求,更重要的是两地的政府高度重视,充分发挥了自上而下的主导与推动作用。此外,两地社会各界的参与也为政策的制定提供了动力,实现了自上而下和自下而上的结合。

第五章　中国"时间银行"互助养老公共政策的执行

公共政策的执行是政策过程的有机组成部分,是政策过程最重要的环节,公共政策的执行情况直接决定了既定的政策目标能否实现,公共政策执行的结果是检验公共政策是否科学的基本标准(梁之栋,2017)。中国学者李国正等人(2019)认为公共政策的执行可从"动态"与"静态"两个方面理解,"动态"以"行动"为核心,主要关注公共政策从制定到实现这一过程中的各类活动;"静态"以"组织"为主,强调组织机构对于公共政策落实的基础性保障作用。桑春红、吴旭红(2018)认为,公共政策执行是指公共政策方案得到采纳以后,公共政策的执行者通过一定的组织形式,运用各种政策资源,经解释、实施、服务和宣传等行动方式,将公共政策观念形态的内容转化为政策执行的现实效果,从而使既定的政策目标得以实现的过程。通过上述学者对公共政策执行的概括可以看出,对公共政策执行的理解主要围绕公共政策活动和组织两大内容,在这一逻辑下,本章将重点从中国"时间银行"互助养老公共政策执行中的组织(即组织体系)和行动(即开展的活动,例如试点、宣传、安全保障)两大角度分析南京市、青岛市"时间银行"互助养老公共政策的执行。

一、中国"时间银行"互助养老公共政策执行活动

公共政策的执行比较复杂,远超理论上的抽象概括,一方面,公共政策执行的阶段往往和其他阶段存在重叠,难以在时间

点上清楚划分;另一方面,执行各环节之间彼此牵连,无法严格地按照时间顺序展开(李国正,2019)。因此,本章在分析南京市、青岛市"时间银行"互助养老公共政策执行的过程时,对于"时间银行"互助养老公共政策相关执行活动并不从时间节点上进行明确的顺序划分,而是根据访谈素材,重点对两地"时间银行"互助养老公共政策执行活动中的重要内容或动作进行概括、研究与分析。

(一)中国"时间银行"互助养老公共政策的试点

政策试点是指在一项新政策正式推广之前,根据政策对象和适用范围的实际情况,选取有代表性的局部地区或者群体试行政策的办法。公共政策的试点既可以发现原有政策制定与执行存在的偏差,及时反馈并验证与完善公共政策内容,又能从中汲取经验,改进政策执行方法,从而为公共政策的全面、有效执行做好准备(李国正,2019)。一般来说,对于一些具有全面性、非常规性、风险性、复杂性、探索性的公共政策,都应尽量选择政策试点,谨慎执行,从而降低因公共政策"失败"而对社会造成的不良影响,也避免多次修订公共政策带来的政府政策成本增加。公共政策试点的选取,不仅需要选择具有代表性的点,更要考虑各地的整体代表性,即试点应具有典型性和代表性,否则,会导致代表性不足,使公共政策试点的效果大打折扣。

青岛市民政局在全面推进青岛市"时间银行"互助养老公共政策执行之前,充分考虑到了试点的重要性,《青岛市养老服务时间银行实施方案(试行)》中提出:"选择西海岸新区、城阳区进行试点,进一步完善工作机制,测试时间银行服务流量,试点时间为从宣布启动日至2020年年底,2021年,在试点取得成功经验的基础上,各区全面推广,实现全市通存通兑。"青岛市"时间银行"互助养老公共政策确定了试点目的和试点时间节点,但是没有指出试点的选择依据。在实地访谈中发现,青岛市以政策目标群体集中度(即独居空巢高龄老年人)和社会支持度(即是否能够有更多志愿者支持)两个指标作为政策试点的考量标准,这符合青岛市"时间银行"互助养老公共政策提出的重点服务人群为独居空巢高龄老年人,以及通过政策设计,鼓励志愿者为老年人提供养老服务的政策目标。此外,为了进一步探索不同地区"时间银行"发展的可能性,青岛市还选取了新兴城区和经济功能区作为试点,既体现了代表性和典型性,又为全市"时间银行"互助养老公共政策的全面执行做了充分的准备。

"时间银行"互助养老公共政策执行之前,我们选择了几个地区进行试点。

其中一个是市南区,这是一个老城区,住的老年居民比较多,且多为高龄、空巢或独居老人,同时,这个地方是青岛市党政机关所在地,高校也集中在这个区域,高层次人才多,愿意当志愿者的人不少,这是我们选择这个地区进行试点的主要原因。

——青岛市民政局养老服务处负责人 Q

南京市开展"时间银行"实践较早,在 2019 年市一级"时间银行"互助养老公共政策尚未出台之前,南京市已在鼓楼区开展"时间银行"试点,之所以选择鼓楼区作为试点,是基于政策目标人群的整体素养与养老认知以及社会支持的角度。这一区级"时间银行"试点,为南京市市级"时间银行"互助养老公共政策的出台和试点奠定了基础。

在全市提出开展"时间银行"工作试点后,有好几个区积极报名,最后,我们选择了鼓楼区。鼓楼区被称为首善之区,是省委省政府所在地,且很多教育资源集中在此地。这个区域的人群整体素养相对较高,对养老的认知更深,更容易接受新生事物。这是我们选择这个区域进行试点的原因。

　　庆幸的是,鼓楼区的领导非常重视这件事,大力推动"时间银行"试点工作。从 2017 年到 2018 年重阳节,养老服务点全部建成,正式在全区范围内进行了"时间银行"的探索。

——南京养老志愿服务联合会负责人 S

　　南京市在 2019 年 7 月颁布《南京市养老服务时间银行实施方案(试行)》时,明确提出计划于 2019 年 12 月,在南京市的每个区各选出 1 个街道进行政策试点工作,以期进一步完善工作机制,计划到 2020 年 9 月,在前期试点的基础上,各区全面推广,实现南京市的通存通兑。该政策明确了公共政策的执行主体,提出上述工作统一由市民政局牵头,各区政府、江北新区管委会落实。在实际访谈中发现,南京市"时间银行"之所以试点较多,每个区都有 1 个街道进行试点,其试点规模明显大于青岛市,是因为南京市区级别的"时间银行"实践较早、基础较好。

　　"时间银行"相关政策确定以后,我们让各个区报名进行试点,各个区都很踊跃,比如江北新区有一个街道,它并不是试点区,但是这个街道的负责人主动做了很多相关的工作。

——南京市民政局养老服务处负责人 Y

　　对南京市和青岛市"时间银行"互助养老公共政策试点进行调查后发现,两地选择试点地点时,都考虑了目标人群和社会支持人群情况,重视人的因素。在试点的基础上,南京相比青岛有更好的早期实践基础,因此,在市级层面"时间银行"互助养老公共政策出台以后,南京市"时间银行"互助养老公共政策试点的规模更大、启动更快,而青岛市"时间银行"互助养老公共政策的试点稍显谨慎,这一起步的过程更注重某一个或几个点的选择,先从"小试验田"开始,逐步实现大范围的推广。不论是南京市,还是青岛市,在市级层面全面执行"时间银行"互助养老公共政策前,都很好地开展了政策的试点工作,为"时间银行"互助养老公共政策的修订与完善提供了实践基础。

(二)中国"时间银行"互助养老公共政策的宣传

政策宣传是政策执行过程的重要环节。其目的在于向公众、政策执行部门、政策目标群体表达政策意图,阐述政策内容、政策执行原则,促使政策执行部门依法行政,强化社会各界对政策的认识,使政策在执行过程中能够获得社会支持。在政策宣传过程中,能收集专家学者、社会组织、民众的意见,完善政策内容,改进执行方式。政策宣传的方式十分丰富,可以通过法律、规定、命令、细则、办法等形式进行公布,也可以通过各种有影响力的渠道和方式进行政策解释和说明,还能通过新媒体、互联网等科技手段,运用有趣的动画等素材,拓宽宣传路径,扩大宣传范围,降低宣传成本,提高宣传效率(李国正,2019)。

目前国内针对"时间银行"的专门公共政策较少,特别是市一级的"时间银行"互助养老公共政策更少。所以,南京市和青岛市"时间银行"互助养老公共政策的发布既是创新,也是探索。在"时间银行"互助养老公共政策执行之前,需要对社会各界、政府相关部门进行广泛的宣传与动员。

访谈发现,南京和青岛在"时间银行"互助养老公共政策的宣传上,都采用了多种宣传方式,例如青岛市人民政府新闻办公室牵头,召开了青岛市"时间银行"互助养老公共政策新闻发布会。南京市政府办公厅以通知的形式将南京市"时间银行"互助养老公共政策下发至各有关部门。此外,南京市和青岛市还采用了动员会、工作布置会、培训会等形式宣传"时间银行"互助养老公共政策,鼓励社会各界积极参与,强化对"时间银行"互助养老公共政策的理解,既达到了宣传的目的,又起到了培训目标群体的作用。

我们开过新闻发布会,新闻发布会之后,很多媒体做了相关的报道。我们还开过一个"时间银行"的试点部署动员会,专门讲解怎么去执行政策,如何分工。三个(试点)区分管的局长和科长都来了,就怎么落实"时间银行"的事进行了部署。

——青岛市民政局养老服务处负责人Q

我们搞过一个"时间银行"的启动仪式,对相关人员进行动员。启动仪式上,把包括宣传部、发改委等在内的相关部门都请过来了。在培训方面,我们做了很多准备工作。在政策起草以及标准制定的过程中,我们便邀请了很多南京的养老组织,政策制定的过程就是一个学习、培训的过程。大家在经过反复的讨论以后,基本上达成了共识。真正实施以后,我们反而没有组织大规模的培训,因为大家在制定过程中已经达到了培训的效果。

——南京市民政局养老服务处负责人C

在全面执行"时间银行"互助养老公共政策的过程中,有关部门还持续开展了诸多宣传活动,包括公交车广播宣传、新闻媒体宣传、微信公众号宣传等。南京市在"时间银行"互助养老公共政策的宣传上还采用了两种新的方式,一是与其他政策绑定,以大政策带动小政策进行宣传贯彻,例如与《南京市养老服务条例》的宣传结合,将"时间银行"纳入该政策;二是在行政体制内,以工作创新的方式,发挥基层实践经验的作用,向上级主管领导、主管部门宣传该政策,例如南京市向江苏省宣传南京市"时间银行"互助养老公共政策,从而得到更大的支持力度,达到了良好的宣传效果。

我们从几个方面对"时间银行"开展宣传:一方面是结合一些大的节日(比如重阳节)或者活动,去年《南京市养老服务条例》颁布,我们将"时间银行"也纳入了《南京市养老服务条例》的宣传中。另一方面,我们依托一些"时间银行"服务站点(目前现在全市已经有1200多个站点)开展一些常规化的宣传,包括开展一些广场活动,面向老年人宣传,进大学宣传。宣传方式也各式各样,比如利用公交车广播进行宣传,通过电视媒体(包括中央电视台经济频道的经济新闻联播栏目)进行宣传,还通过微信公众号和网络进行宣传,最大化地面向社会大众。值得一提的是,我们把"时间银行"作为重要的创新成果从民政方面向上推进,希望获得更多上层领导的关注和支持。

——南京市民政局养老服务处负责人 Y

现在,有青岛民政局主管的官方公众号,还有一个互助养老的公众号以及视频号,都在同时做"时间银行"的宣传。后期,我们将通过电视台定期地报道青岛"时间银行"的推进成果,进行更大范围的宣传。下一步,我们将和南京进行联动,在一个共同的平台上发布青岛和南京"时间银行"的进展情况和取得的成效,提高"时间银行"在社会上的影响力。

——青岛市"时间银行"管理中心负责人 C

青岛市在宣传"时间银行"互助养老公共政策的过程中,不仅利用了新媒体如微信公众号、视频号等线上方式,还通过电视台定期推动"时间银行"以及"时间银行"互助养老公共政策的宣传。青岛市和南京市还采用联动机制,在同一平台上共同发布青岛市和南京市"时间银行"取得的成绩,以"抱团"的形式强化"时间银行"互助养老公共政策宣传的效果,提高宣传的热度,这一地区联动的形式在"时间银行"互助养老公共政策的宣传方面发挥了积极作用。

总之,中国"时间银行"互助养老公共政策在宣传方面已取得诸多成效,宣传贯穿于政策的起草、制定与执行的整个过程中,宣传路径既有传统的行政方式,通过政府行政机制传达到基层,也充分利用了多种科技与新媒体形式。目前,宣传已向垂直化方向发展,从行政下层级向行政上一层级的宣传,例如地方向中央、市向省的宣传。此外,宣传还将横向联动,实现跨地区的互动。这些方式与路径都将推动中国"时间银行"互助养老公共政策的传播与发展,有助于更多地方出台"时间银行"互助养老公共政策以及民众对"时间银行"的了解。

二、中国"时间银行"互助养老公共政策的安全保障

1. 开展安全筛查

志愿服务具有社会复杂性,因为在当前的社会环境中,志愿服务涉及的范围广、人群多、服务周期长、强度大、影响深,容易引发纠纷。在服务过程中,由于志愿者参与主体多元化,其服务对象涉及多个弱势群体(例如老年人、残疾人等),难免会出现侵犯一方权益的情况(刘富美,2016)。有学者认为,由于志愿者的素质参差不齐,志愿者参与志愿服务的动机也可能不同,有些志愿者甚至参与动机不良,同时,志愿服务过程复杂,在志愿活动中导致他人权益受损害的状况时有发生(沈蔓菁,2017)。南京市和青岛市"时间银行"互助养老公共政策明确指出,政府通过政策设计,鼓励志愿者为老年人提供养老服务。中国"时间银行"养老服务离不开志愿者,养老服务既具有互助性也具有志愿性。所以,在制定"时间银行"互助养老公共政策的过程中,需要考虑志愿者的风险等问题,需要国家和政府从立法和制度的角度对志愿者和志愿服务活动进行严格规范,以此来降低服务风险,减少责任事故的发生。

相比于其他人群,老年人的认知能力和身体功能较弱,特别是空巢、独居、高龄老年人。空巢、独居、高龄老年人是互助养老服务的重点人群,如何保障这些人群的安全,是中国"时间银行"互助养老公共政策执行中不能忽视的重要问题。调查发现,南京市在执行"时间银行"互助养老公共政策的过程中,十分注重对上述服务对象的保护,例如,南京市通过制度设计,联合公安系统的大数据,进行志愿者的初步筛查工作,将可能具有"风险"

的志愿者排除在外,从而降低老年人在接受志愿服务过程中产生的风险。

对于安全问题,我们从源头上进行把关,与南京市公安局犯罪科对接,严格审核志愿者的资质,确保志愿者所提供服务的安全性,让"时间银行"往前走的步伐更稳一些、更快一些。

——南京市民政局养老服务处负责人 C

青岛市在执行"时间银行"互助养老公共政策的过程中,希望通过公安系统获得志愿者与老年人的户籍信息和犯罪记录信息,从源头上消除了安全隐患,进行了初步的安全筛查。目前,受到各种因素影响,青岛市"时间银行"互助养老公共政策的执行尚未得到公安系统的支持,仍在协调过程中。

对于志愿者注册,我们试图借助公安部门的侦查系统,18周岁以上的青岛市户籍的公民,在注册成为"时间银行"的志愿者之前,需要通过公安系统的审核,我们会进入公安部门的侦查库,看拟注册志愿者有没有犯罪记录。如果有,一般不允许通过注册志愿者。

60岁以上的老年人,其户籍信息一般在公安部门。现在要开展60岁以上老年人的意外伤害保险服务,我们希望能共享公安部门的信息库内容,这样,老人入住养老机构、接受住院养老服务,只要刷一刷身份证,相关信息能全部显示出来,这样可以大大减少我们的工作负担。但是,这样的共享,目前还没有征得公安部门的同意,需要协调,而且协调起来有一定的难度。如果协调不成,我们再想办法。

——青岛市民政局养老服务处负责人 Q

陈功和黄国桂(2017)认为中国式的人情往来在传统社会中构建了一种无形的、互帮互助的"时间银行"机制,互帮互助推动社会成员之间相互往来。人情往来存在的范围较广,可以基于血缘和地缘关系,也可以广泛存在于熟人圈中。一般来说,在熟人社会中,人们往往更容易彼此了解与信任,人们对于熟人的背景较陌生人更加清楚,从某种角度来说,这也是一种安全的筛查与规避。在注重安全背景调查与筛查的基础上,南京市在执行"时间银行"互助养老公共政策的过程中,强调熟人之间的互助,生人要提供养老"时间银行"服务,需要熟人的介绍与引荐,这样,在一定程度上规避安全风险。对于老年人来说,更愿意信任熟人,从而形成长期稳定的服务关系。

安全风险很多,比如说那些打着养老旗号的人,本来想进老年人的家门进不了,现在可能借"时间银行"进行坑蒙拐骗。我们要求上门服务的志愿者必须是熟人,不能是生人。也就是说,志愿服务一般限定在一个社区或者一个村的范围,大家互相认识,有一定的了解。如果是生人上门,一定要由熟人带上去。

——南京市民政局养老服务处负责人C

老人的自我保护和安全防范意识比较弱,应尽量选择熟悉的人照顾他。这样的志愿者,对老年人的家庭情况和生活细节比较了解。根据南京市"时间银行"互助养老公共政策,对于独居、空巢、高龄老年人,每周赠送三个小时的"时间银行"服务时间,这个时间并不长,由陌生的志愿者来提供服务,需要一定的时间来进行熟悉,这在一定程度上会浪费有限的服务时间,难以得到较好的服务效果。因此,我们尽量把熟悉的时间缩短,安排老年人熟悉的志愿者进行服务。

——南京市"时间银行"服务点负责人X

2. 构建保险保障

志愿服务可能面临一系列风险问题,这些风险问题如果不能得到妥善处理,会成为志愿服务持续发展的制约因素之一。因此,分析、研究这些风险,并通过一系列的制度来进行防范,是十分重要的工作(聂阳阳、穆青,2010)。针对志愿服务风险这一问题,有学者建议建立风险转移机制,构建以政府拨款为主、社会筹资为辅的志愿者保险保障机制,加大政府财政保障力度,并将志愿者相关保险费列入各级财政预算,切实把保险相关的法律规定落到实处(王喜军,2015)。在志愿服务保险分类方面,有学者认为应该将中国志愿者保险分成三类,一是志愿者受害保险,其核心险种是志愿者的人身意外伤害保险,强调对志愿者的保护;二是志愿者致害保险,其核心险种是个人责任保险,强调对被服务人群的保障;三是既保护志愿者也保护第三者利益的志愿者受害或致害混合保险(田兴洪、周艳红、郭健,2014)。

南京市和青岛市"时间银行"互助养老公共政策都明确规定由志愿者为老年人提供服务,在"时间银行"互助养老公共政策的具体执行中,也要保护志愿者和被服务对象,甚至第三方的人身、财产等安全,为可能出现的权益损害和财产损失提供保险兜底。访谈发现,两地在"时间银行"互助养老公共政策的执行过程中都已构建了保险机制,为志愿者和被服务人群购买了保险,南京市甚至将购买保险写入政府相关文件,由地方财政支付保险费用,并要求区级政府为"时间银行"服务双方购买责任险,强调根据"时间银行"的实际订单量购买,避免保险费用的无效支付,以保险和风险前置的方式,保障"时间银行"互助养老公共政策的有效执行与落地。

我们给供需双方都买了保险。

——南京市民政局养老服务处负责人 C

当时我们提出要保险先行、风险前置,因为要消除想献爱心的人或者想伸出援手的人的顾虑,他们考虑更多的不是社会给予自己的回报,而是不要有"后遗症"。为解决这样的顾虑,我们考虑通过政府购买保险的方式来解决这一个问题。这是一笔不小的开支。随着志愿者的增加,订单量的提高,需要的经费会不断上涨,单靠政府难以承受。这个问题的解决方案是以订单量为指标来购买责任险,这样,没有订单的时候,志愿者再多,也不需要支付保险费用,这样,保险费用大大降低。政府非常支持这项工作,以红头文件的形式,要求各级政府购买保险,当然,市政府财政部门拨付的1000万元也准时到账了。

——南京养老志愿服务联合会负责人S

与南京市不同,受到财政条件影响,青岛市在"时间银行"互助养老公共政策的执行过程中并没有为志愿者和被服务者购买保险,但政府部门已认识到保险在"时间银行"养老服务中的重要性,计划在今后的工作中,将保险费用纳入政府财政支出,发挥政府在推动"时间银行"互助养老公共政策执行过程中对安全风险的兜底与保障作用。

志愿者的保险问题,我们也认识到了,但是因为财力实在有限,政府短期内难以解决。我们希望2022年以后,政府能逐步承担起志愿者服务的保险费用。

——青岛市民政局养老服务处负责人Q

总之,在中国"时间银行"互助养老公共政策的实践中,已建立了较为有效的风险安全保障机制。通过风险人群的背景信息安全筛查和鼓励熟人互助,从源头上进行了风险防控,在这一基础上,又引入保险机制,发挥保险在执行过程中的保障作用,以保险补偿可能出现的风险损害,保障志愿者和被服务人群的权益。在保险金的支付上,南京市政府以政府财政支出为服务双方购买保险,体现了政府的兜底保障作用,彰显了政府的人文关怀和人民至上权力观,政府的兜底能为更多人群加入"时间银行"志愿服务消除后顾之忧,推动中国"时间银行"事业更好地发展。

三、中国"时间银行"互助养老公共政策执行的组织体系

组织理论学派强调公共政策执行过程中组织机构的作用,认为任何公共政策的实施都离不开一定的组织机构,如果没有

一定的组织机构做依托,没有一定的组织原则做保障,那么,公共政策更多的只能停留在构想与设计阶段,难以得到真正的贯彻落实。该学派还指出,尽管公共政策执行不力的原因是多方面的,但公共政策的组织问题是恒定的关键原因之一(桑春红、吴旭红,2018)。公共政策的执行过程是非常复杂的,一方面,公共政策的执行主体并非只有政府机构,而是由包含政府机构、传媒、社区、公民、非营利组织、营利组织、利益集团及公民社会等在内的多元主体组成;另一方面,公共政策的执行包含政策解读、细化、宣传与落实等不同环节,每一个环节都体现行动者的合力,是不同政策主体的合作(桑春红、吴旭红,2018)。考虑到执行公共政策的过程中在程序和主体上存在的复杂性与不确定性,笔者认为"时间银行"互助养老公共政策顺利执行的基础是构建科学的政策执行组织体系,执行"时间银行"互助养老公共政策的组织体系既应该包含政府机关,发挥政府组织的主导作用,也应该包含其他政策执行主体,例如,专家学者、民众、不同社会组织等,从而发挥社会各界在"时间银行"互助养老公共政策执行、推动中的作用,构建逻辑清晰的"时间银行"互助养老公共政策执行网络体系,保障"时间银行"互助养老公共政策的有序开展。在上述论述的基础上,下面将沿着第三方政策执行主体(例如非营利组织、社会组织等)参与的这一思路,研究"时间银行"互助养老公共政策执行的组织体系。

(一)第三方组织已成为公共事务与社会发展的重要主体

如今,随着传统制度纽带的弱化,一场真正的"结社革命"正在全球范围内进行(莱斯特·M.萨拉蒙,2000)。在这一"结社革命"中,第三方部门成为新的焦点。自 20 世纪 80 年代以来,非政府组织、私人团体、公民等作为重要的社会行动者开始参与公共政策的制定与执行过程,国际上各个主要国家的公共政策主体呈现多元化的发展趋势。在这一趋势下,第三方部门逐步成为政府主体以外、参与公共事务以及推动社会发展的重要力量。以非政府组织和非营利组织为对象的第三方部门研究兴起于 20 世纪 80 年代,偏重于从组织理论和行政管理理论的角度开展研究。第三方部门也被称作第三方,指除了公共部门和私人部门以外的部门,主要包含各种非政府、非营利性的民间组织,又称为"独立部门"(Independent Sector)、"非营利部门"(Non-Profit Sector)、"志愿部门"(Voluntary Sector)、"利他的部门"(Altruistic Sector)等(何增科,2000)。

　　对第三方部门的研究产生了第三方治理理论,该理论的出现,源于市场失灵和政府失灵。市场机制的核心是遵循市场的价值规律。一切以市场机制为目标,存在巨大的缺陷,当出现市场信息不完善、不完全和不对称时,市场中的竞争可能会导致寡头和垄断的出现,由于市场机制不完善,市场调节手段必然存在盲目性、自发性和滞后性等诸多问题,造成过度竞争和社会劳动的巨大浪费,引发社会矛盾和社会问题,产生所谓的"市场失灵";同时,由于市场的价值规律在调整经济结构、保护生态环境、提供公共服务、维护社会公正等方面无法发挥作用,需要政府的干预,但是政府干预也有一些缺陷,例如,政府会存在主观偏差性、缺乏灵活性,从而导致"政府失灵"(张新宁,2021)。在"市场失灵"和"政府失灵"的背景下,第三方治理成为值得探索与尝试的新方式。美国等国家利用了大量的第三方机构来行使政府职能,政府与第三方机构在很大程度上共享公共资金支出和公共权威方面的相关权力,第三方治理加大了政府在提升社会整体福利方面的作用,避免了政府机制的过度发展、官僚机制的缺陷和行政机构的局限性,从而逐渐形成了第三方治理体系(莱斯特・M.萨拉蒙,2008),第三方机构成为政府在社会发展和公共治理方面的合作者。

　　"时间银行"机制或者概念的提出,是美国人在第三方治理背景下寻求社会治理或社会发展的一种探索。20 世纪 80 年代,美国出现了至少三个既彼此影响又相互独立的社会发展问题:一是美国底层的民众在获得基本生活品和服务方面产生了长期的不平衡问题;二是在家庭、邻里和社区中不断产生新的社会问题;三是人们因上述问题无法得到有效解决而产生不满(Cahn E. S,1999)。为了解决社会发展中出现的上述问题,探索通过非市场和非政府的路径建立一种新的交换机制和系统,从而缓解社会经济发展矛盾,推动社会经济发展,成为当时美国社会经济发展的新需求。在这一背景与需求下,美国学者埃德加·卡恩提出了"时间银行"概念,并成立了美国"时间银行"(Time Banks USA)机构,以此促进"时间银行"在美国的发展(陈功、吴振东,2021)。美国"时间银行"机构作为"时间银行"事业发展的第三方部门,在社会治理和社会发展中发挥了重要作用,成为政府公共事务发展的重要助力者。在美国,"时间银行"这一第三方组织在商业与社区发展、社会服务、专业知识分享、少年司法、救灾等方面发挥了积极作用(Cahn E. S,Gray C,2015)。在英国,第三方组织时间银行联盟组织(Time Banking UK,TBUK),成为英国"时间银行"发展的重要推动者与培育者。根据其网站显示,在 TBUK 这一第三方组织的帮助下,英国已成立了 268 家"时间银行"。① 在日本,水岛辉子创立了志愿者工作网络,该组织成为日本"时间银行"的建设者,2020 年,已建有 60 个"时间银行"分部。② 由此可见,国外"时间银行"

---

　　①　数据来源于:TBUK 官网[EB/OL]. https://www. timebank-ing. org.

　　②　数据来源于:NPO 官网[EB/OL]. http://v-rounet. sakura. ne. jp/sibu. html.

的发展,第三方组织发挥了重要的推动作用。

有学者曾建议政府积极进行宣传与引导,通过提高公众的认知度,广泛联合其他社会团体等公益组织,努力构建"政府—社会团体—社区"的多层次、多主体"时间银行"互助养老体系,发挥公益组织等非营利组织的作用,为"时间银行"互助养老模式在人力、物力、资金等方面提供更多的支持(李明,曹海军,2019)。当前,第三方组织确实在我国"时间银行"的发展中发挥了重要的作用。例如,国内主流媒体多次报道的南京养老志愿服务联合会,是由南京市志愿者组成的开展公益活动的非营利性社会团体法人组织,该组织积极倡导和弘扬"奉献、友爱、互助、进步"的志愿服务精神,着力完善志愿服务体系,积极开展各类助老志愿服务,推进助老志愿服务工作的常态化和长效化发展;同时,积极开展"时间银行"项目,推动"时间银行"在南京市的发展,帮助政府构建"时间银行"平台,完善"时间银行"服务,制定"时间银行"互助养老公共政策,开展"时间银行"调研等。除了南京养老志愿服务联合会外,还有武汉市江岸区百步亭社区志愿者服务中心"时间银行"、新乡市凤泉区武陵村武陵"时间银行"、临海市夕阳红居家养老服务中心"志愿时间银行"、北京市一刻公益社区发展服务中心等第三方组织,这些第三方组织为中国"时间银行"事业的发展做出了积极贡献(索浩宇、吴振东、陈功,2019)。

社会组织的定义有广义和狭义之分。广义的社会组织是指除了党政机关、企事业单位以外的其他社会中介性组织,而狭义的社会组织仅指在各级民政部门登记、纳入民政部门管理范围的社会团体、民办非企业单位、基金会这三类社会组织(王浦劬、莱斯特·M.萨拉蒙,2010)。结合上文对第三部门的定义,从某种角度来说,社会组织也基本等同于第三部门。改革开放以来,中国第三方社会组织发展迅速,在经济、政治、文化、社会、教育、科技等不同领域发挥了积极的作用。相关数据显示,2012 年,全国已登记的社会组织达 46.2 万家,而截至 2021 年年初,全国已登记的社会组织总数量已经超过 90 万,中国第三方社会组织的规模整体上一直处于稳步扩大的趋势。① 近年来,中国政府采用向第三方社会组织购买公共服务的方式,使得第三方社会组织成为相关公共政策的执行主体之一。一些城市中第三方社会组织的身影不断出现,政府购买第三方组织公共服务的范围逐渐扩大到医疗卫生服务、教育服务、社区服务和养老服务等公共服务领域。例如,2003 年,南京市鼓楼区推出政府购买服务、第三方组织运作的"居家养老服务网"工程,由第三方组织为独居老年人提供居家养老服务;2004 年,在上海市政府的主导和推动下,上海市的三家民办非企业性质的社团组织——"自强社会服务总社""新航社区服务总站""阳光社区青少年事务中心"正式挂牌成立;此外,杭州、宁波、苏州、大连、青岛、天津、广州、重庆等多地的政府均通过购买居家养老服务的形式,推动第三方组织参与公共服务(王浦劬、莱斯特·M.萨拉蒙,2010)。

总之,第三方组织在养老事业和"时间银行"事业的发展中发挥了重要作用,辅助政府进行公共事务管理、制定政策、提供公共服务,第三方治理也逐渐成为政府治理、市场治理以外的新治理路径。

(二)多方参与下的中国"时间银行"互助养老公共政策组织体系

近年来,第三方组织已成为中国"时间银行"和养老事业发展中政府主体以外的重要力量,政府通过购买公共服务的形式,

---

① 数据来源于:非法社会组织大量存在因登记门槛高? [EB/OL]. http://www.chinaqw.com/kong/2021/03-23/290246.shtml.

推动第三方组织参与公共事务管理与服务。这一研究从单一主体的角度切入,即要么以政府为主体,要么以第三方组织为主体。现实的情况比较复杂,公共事务管理与服务、公共政策的推广与执行,往往有多个政策主体共同参与。在中国"时间银行"互助养老公共政策的执行过程中,不仅需要从政府主体的视角进行分析,还应该从多个政策主体的视角进行研究。

英国学者罗茨系统地构建了政策网络的理论框架,提出政策网络有五种类型,即政策社群、专业网络、府际网络、生产者网络和议题网络。罗茨等人为政策执行研究提供了新的角度和新的分析框架,从而发展出政策网络的博弈分析,开辟了政策网络治理的新领域(蒋硕亮,2011)。政策网络理论的分析框架为人们研究公共政策过程中的执行机制或者构建社会治理体系提供了新的路径。从政策网络理论可以看出,公共政策的执行已经不仅仅是政府部门的单一行为,而是多方行动者、复杂网络持续互动的结果。政府组织与利益团体、利益相关者等政策执行者构成了较稳定的相互依赖的关系,通过策略的互动、水平的协调、交换信息及合作,促成公共政策的形成、执行与发展(周恩毅、胡金荣,2014)。中国的一些学者将政策网络理论与公共政策的过程研究结合在一起,例如,李东泉、李婧(2014)从政策网络的视角,分析了《北京市生活垃圾管理条例》出台的过程;王春福(2007)以政策网络为框架对政府执行力进行了分析;付舒(2019)借鉴罗茨的政策网络理论框架,对中国养老服务政策行为者的行动特征进行了分析,提出要关注多元政策行动者协同治理面临的挑战;刘亚娜(2018)利用政策网络理论,从环境支持、服务供给、实际需求几方面梳理了中国医养服务政策过程的不同行为体;吴光芸、方林敏(2018)基于政策网络理论分析了中国异地医保政策的执行困境,并提出了破解建议。

政策过程具有跨国界、跨领域、跨层次、跨部门等特点,政策网络理论恰好为从中央到地方、从基层到个人的治理分析提供了宏观、中观和微观的研究角度(杨溢群、卢笛声,2020)。在公共政策的执行过程中,往往会出现多政策主体的情况,下面尝试利用政策网络理论,从政策社群、专业网络、府际网络、生产者网络和议题网络几个方面对中国"时间银行"互助养老公共政策执行过程中的多方主体进行系统分析,以期较为清晰地勾勒出中国"时间银行"互助养老公共政策在执行过程中形成的组织体系特征与全貌。

1. 中国"时间银行"互助养老公共政策执行中的政策社群

政策社群主要由国家层面的政府部门构成,成员之间具有稳定的关系且呈现横向依赖。目前,中国在国家宏观层面尚未出台专门的"时间银行"公共政策,仅在部门政策规划中提及"时间银行",因此,宏观的政策社群尚未形成,民政部、卫健委、公安部等各政府机关尚未从多部门合作的角度联合推动"时间银行"互助养老公共政策的落地。在地方层面,南京市已初步形成了包含多个政府部门的"时间银行"互助养老公共政策执行政策社群,政策社群中的成员主要是对"时间银行"的发展具有管理职能的政府部门,例如,民政局、发展改革委、财政局、公安局等。

具体来看,在南京市"时间银行"互助养老公共政策的政策社群中既有社群领导小组,又有社群成员。南京市市政府是"时间银行"互助养老公共政策的政策社群领导,成立了养老服务"时间银行"推进领导小组,主要领导亲自挂帅并担任"时间银行"推进领导小组组长,相关分管领导担任副组长,市相关部门和各区政府主要领导任"时间银行"推进领导小组成员,在南京市民政局设立南京市养老服务"时间银行"推进领导办公室,其他政府部门以及各成员单位在市政府的统一领导下,各司其职,协同推进南京市"时间银行"互助养老公共政策的执行。南京市"时间银行"互助养老公共政策的政策社群成员由与南京市"时间银行"事业发展相关的政府部门组成,旨在推动南京市"时间银行"的可持续发展,促进"时间银行"互助养老公共政策的有效落地。作为养老事业的主管部门,南京市民政局是主推单位,负责养老服务"时间银行"的总体运行以及工作牵头,是日常养老服务"时间银行"的具体推动者与协调者;南京市大数据管理局与南京市民政局协同合作,负责搭建南京市"时间银行"管理信息平台,提供信息与数据保障;南京市公安局负责提供"时间银行"相关参与者的信用、违法记录信息,提供安全保障;南京市卫健委负责加强对志愿服务中涉及老年疾病防治、老年人医疗照护、老年人心理健康与关怀等老年健康服务的业务指导,提供业务保障;南京市人社局加强对"时间银行"志愿者培训的指导,提供培训保障;南京市财政局负责提供"时间银行"运营的经费保障;南京市委宣传部文明办负责提供宣传保障,加强对"时间银行"的宣传,并纳入全市统一的志愿服务奖励体系;南京市司法局加强对"时间银行"发展过程中和执行层面的法律监督与指导,提供司法保障;南京市慈善总会负责南京市"时间银行"基金的日常管理,同时,注重向社会募集资金,用于"时间银行"的可持续发展。①

　　我们的服务是封闭式的,不是一般的志愿服务,因为老人是比较弱势的群体。我们对志愿者的要求比较高,要求志愿者无犯罪、无重大违法行为。公安部门比较支持这项工作,志愿者填写申请信息之后,我们把志愿者的个人信息和相关数据推送给公安部门,公安部门进行比对之后把相关的信息和数据反馈给

---

　　①　上述部门分工来源于《南京市养老服务时间银行实施方案(试行)》政策内容。

我们。南京有一个大数据局,可以对一些信息进行共享,非常有助于我们工作的开展。志愿服务的相关工作还涉及文明办,他们是志愿服务的主管部门。财政局每年从福彩公益金中拿出1000万元作为"时间银行"的专用基金。具体的工作还是由民政局牵头推动和协调。

——南京市民政局养老服务处负责人 Y

通过对南京市"时间银行"互助养老公共政策政策社群的分析可以看出,南京市基本上形成了一个分工明确、层次分明的"时间银行"互助养老公共政策的政策社群,该政策社群具有两大特点:

一是突出了政策社群中领导小组的宏观统筹作用,例如,市领导的亲自参与,能够通过自上而下的行政手段,推动相关工作的开展,破除行政"壁垒",促进各级政府和各部门之间的合作,以市政府整体的形式开展"时间银行"工作。

我们的分管市长非常重视"时间银行"的相关工作,当我们遇到难题的时候,他会协调相应的部门来开会,一起去解决这个事情。虽然我们遇到了很多问题,但在政府的帮助下基本上都解决了,否则光靠我们一个协会很难有力量去推动。要让全市十几个部门一起来推动这件事,其实挺难的。虽然政府出了文件,但如果相关部门只以考核作为指挥棒,不考核便不做,等考核了再去做,那这项工作便很难有良好的成效。幸好这项工作在领导的推动下,大家齐心协力,获得了很好的工作成效。

——南京养老志愿服务联合会负责人 S

二是发挥了政府其他部门的业务支持作用,使得多部门的行政资源可以集中在"时间银行"互助养老公共政策的落实上,不仅解决了南京市"时间银行"发展的资金问题,还在人力、物力、信息等方面提供了应有的支持,避免了仅由民政部门支持整个"时间银行"事业体系发展的情况出现,而以政策社群构建的行政资源共同体系来推动"时间银行"事业发展和公共政策的执行与落地。正因为有了市政府和各相关部门构建的政策社群，南京市"时间银行"互助养老公共政策的制定与执行才能够走在全国前列，成为各地效仿学习的重要对象。图 5-1 为南京市"时间银行"互助养老公共政策的政策社群框架图。

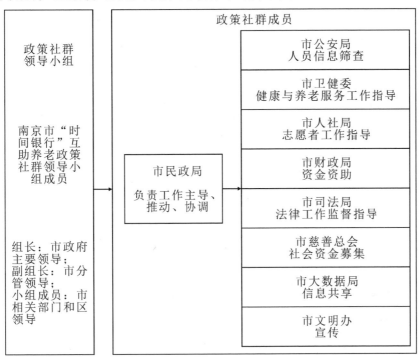

图 5-1　南京市"时间银行"互助养老公共政策的政策社群框架图

2. 中国"时间银行"互助养老公共政策执行中的专业网络

政策网络理论中的专业网络主要由相同职业背景的专业人士组成。在中国，第三方社会组织、非营利机构已逐步成为政府公共事务管理、社会发展和社会服务的新助手。这一现象产生的原因是多方面的。首先，受到人力条件的限制，政府机构难以在管理日常行政事务的同时,管理具体的项目与业务,这就需要寻找社会的力量,例如,通过第三方社会组织的参与弥补政府人力的不足。其次,政府机构通常在公共服务中起到管理者的作用,与第三方社会组织相比,其对于运营公共服务中某一具体的业务与项目往往不够专业,例如,养老服务和志愿服务的提供,如果由政府负责,服务质量可能难以达到市场化水平,从而影响政府的声誉,对此,政府多以政府购买的形式,引导不同的第三方组织参与公共事务与社会服务,从而形成"小政府"和"大社会"的格局。习近平总书记曾在 2013 年指出,社会治理要发挥多元治理主体的作用,党的十九大明确提出"打造共建共治共享的社会治理格局",十九届四中、五中全会进一步提出"完善共建共治共享的社会治理制度",表明党中央已经把"共建共治共享"作为社会治理的理论内核(陈功、索浩宇等,2021)。在新时代背景下,中国政府应该鼓励社会多元治理主体发挥积极的作用,通过制度引导第三方组织参与社会服务和公共服务的供给,下放一定的行政权力,推动形成共建共治共享的局面。

我们发现,像南京这样由一名正处长、一名副处长、一位干事组成一个科室来推动一项重大工作的情况很少。正常情况下,一个科室少则五六人,多则十几人。但是南京从事养老工作具有编制的人员特别少,每个人的工作任务特别重,压力非常大,上级部门布置工作任务后,放权给下面的人,下面的工作人员自己想办法完成任务,解决问题。

——南京养老志愿服务联合会负责人 S

在政府领导和一般工作人员整体缺乏专业理论与实践认识以及人力资源不足这一背景下,如何推动"时间银行"事业的发展和公共政策的有效落地成为政府机构需要重点思考的问题。在政府还不熟悉"时间银行"的情况下,"时间银行"互助养老公共政策的执行,需要专业的第三方组织的参与,特别是长期致力于"时间银行"发展的第三方组织,它们能够承担具体的工作,例如,构建"时间银行"线上平台、开展"时间银行"互助养老公共政策调查,制定政策执行标准、进行政策培训,推动标准化建设,对政策执行的效果进行监控与评估等,帮助政府有效落实"时间银行"互助养老公共政策,发挥自身的专业特长,实现公共服务的专业化和社会的共建共治共享。

通过实地调查发现,南京和青岛两地的政府充分认识到了政府机构在公共服务方面面临的现实困境与挑战,通过政府财政预算,购买第三方组织的公共服务,将"时间银行"的运营与管理交给更加专业的第三方组织(南京养老志愿服务联合会),由该组织及其下设的青岛分支机构开展南京、青岛两地的"时间银行"运营与日常管理,帮助两地政府推动"时间银行"互助养老公共政策的制定、执行与落地,构建了中国"时间银行"互助养老公共政策执行组织体系中的专业网络。

南京养老工作的一个鲜明特色是由政府购买社会服务来完成一些事务性的工作,像我们处里今年有包括"时间银行"运营服务项目在内的七八个项目都是通过这种方式运行的。我们处人很少,真正有编制的人员,一共才五个人,而养老工作现在千头万绪,我们不可能完成所有事务。对于"时间银行"的相关工作,我们通过公开进行招投标,委托第三方来完成,目前做这项工作的主要是南京养老志愿服务联合会,他们在前期做了大量工作,政府一次性给他们奖励了30万元。政府购买这项服务的资金是100万元,各个区对这项工作也配套了不同金额的资金,有些区配套的资金甚至比市里还多。

——南京市民政局养老服务处负责人Y

对于养老工作,政府构建了一个由政策引导的市场化机制,鼓励和支持社会力量兴办养老机构。我们青岛兴办了278所这样的养老机构,政府给补助,由社会力量来具体运营。"时间银行"的运转需要有专人负责,建立一套网络体系,而政府很难有时间和精力来专门做。我们购买了青岛市"时间银行"管理中心的服务,他们按照我们的要求来提供"时间银行"相关的服务。

——青岛市民政局养老服务处负责人 Q

通过访谈发现,青岛市"时间银行"管理中心(该中心是南京养老志愿服务联合会的下属团队,受南京养老志愿服务联合会指导),承担了青岛市"时间银行"互助养老公共政策执行中的诸多工作。整理相关资料后发现,青岛市第三方组织在青岛"时间银行"互助养老公共政策的执行中主要负责以下工作:一是运营管理,负责管理全市"时间银行"运行系统;二是标准建设,组织实施"时间银行"标准化、信息化建设,开展相关业务培训,吸引公益组织人员加入"时间银行"志愿服务团队,帮助各"时间银行"开展制度建设,例如进行标识、服装、规章、手册等的完善与统一;三是业务指导,指导各区、各街道"时间银行"网点开展志愿者注册、服务存储、兑换等工作;四是宣传工作,通过线下重要节点活动开展"时间银行"的宣传,利用公众号、视频号、电视台等,强化宣传效果,扩大宣传范围,与南京市合作共建,进行成果展示与宣传,提升"时间银行"在国内的影响力;五是绩效监管,负责评估、监管"时间银行"的运行绩效,目前该工作尚未完全展开,第三方组织主要负责收集针对"时间银行"的投诉。

在政策的执行环节,我们中心具体负责以下几方面的工作。

第一是"时间银行"的培训。我们开展各个街道的培训、街道下属的各个养老企业的培训,各个公益组织(如福利院、残联、慈善总会)的培训,把青岛现有志愿者组织中的志愿者转化成"时间银行"的志愿者。

第二是建立"时间银行"网点。"时间银行"的网点一般在每一个区下属的养老机构,有些养老机构不仅能为机构内的老年人提供养老服务,还有能力向外延伸,机构内的志愿者可以注册成为"时间银行"的志愿者。

第三是"时间银行"的宣传。我们明年要开展一些线上与线下结合的大型活动,借助重阳节、雷锋日等节日,组织志愿者共同来进行"时间银行"的宣传。线上宣传的工具,除了民政局的公众号外,还有一个互助养老的公众号和视频号。后期我们会邀请电视台定期地报道青岛"时间银行"的推进成果,并进行大范围的宣传。下一步我们将和南京进行联动,在共同的平台上发布"时间银行"的推动成果,提高"时间银行"的知名度。另外,我们将指导每一个网点制作宣传手册,统一志愿者的马甲、太阳帽等,对志愿者进行认证,提高人们对志愿者的辨识度,加深志愿者和老年人对"时间银行"的认知。

——青岛市"时间银行"管理中心负责人 C

在对南京市的调查中发现,南京养老志愿服务联合会承担了南京市政府的"时间银行"公共服务项目,在"时间银行"互助养老公共政策的执行方面提供专业的帮助,其也开展了与上述青岛第三方组织相似的工作内容,不同之处在于,该第三方组织还负责了政策起草的相关工作。

对我们来说,政府对"时间银行"的采购不仅仅是对材料的购买,还是对我们前期提供的所有调研服务的购买。虽然我们以区级的形式在推动"时间银行"政策的执行,但实际上我们是在全市的范围进行"时间银行"的整体调研,因此,政府为我们拨了专项的经费。在"时间银行"互助养老政策的执行过程中,我们还承担了包括标准建设、绩效评估在内的很多工作。

——南京养老志愿服务联合会负责人 S

总之,不论是南京市,还是青岛市,两地的第三方组织构成了政策社群以外的专业网络,成为政府的重要合作伙伴,提供了技术和专业上的支持。此外,南京市和青岛市的第三方组织还通过网络连接促进了南京市和青岛市"时间银行"的技术、知识、成果的共享和互通,在专业网络的基础上构建了连通网络,使两地的"时间银行"事业得到了更好的发展。根据政策网络理论,除了发挥专业网络的支撑作用外,还可以通过不同专业网络的连接,构建更大范围的社会网络,推动社会资源在不同地区流通,使"时间银行"机制实现更大范围的通存通兑和事业的共建共治共享。

3. 中国"时间银行"互助养老公共政策执行中的府际网络

任何一项公共政策的执行都离不开各级政府及相关部门的支持。政府及其下设机构构成了公共政策的垂直网络,政策以垂直的方式下达至各级政府及其相关部门,从而形成了垂直的行政体系。在具体的公共政策实践中,公共政策的落地,需要各级政府密切合作,特别是基层政府部门,如区政府、乡镇、街道、居委会等单位的广泛参与,这些单位往往是公共政策的具体执行者。这种"自上而下"的公共政策执行途径是以政策为中心的途径。公共政策制定部门和公共政策执行部门是截然不同的两个部门,两者的分工和任务范围不同,公共政策是由上层规划与制定的,公共政策确定后,被具体化为各种指示或要求,并传达给下层的行政机构执行,执行者是公共政策制定者的代理人(桑春红、吴旭红,2018)。

政策网络理论中的府际网络主要由与某一政策有联系的地方政府和相关主管部门组成,成员之间关系稳定且呈现垂直依赖关系,成员之间具有广泛的水平联系。有学者提出,府际网络主要由中央政府与各级地方政府组成,成员间竞争与合作并存,可调度一定规模的资源,扮演政策制定者和执行者的角色(刘亚娜,2018)。

南京市和青岛市"时间银行"互助养老公共政策的府际网络

是"时间银行"互助养老公共政策执行组织体系中的中层执行单元,负责在区、街道层面执行市一级的公共政策。《南京市养老服务时间银行实施方案(试行)》中明确指出了南京市"时间银行"互助养老公共政策执行的府际网络体系,即在市、区政府的领导下,由民政部门会同相关部门,对"时间银行"进行分级管理,市级政府的主要职能是对全市"时间银行"运行系统进行管理,组织实施"时间银行"的标准化、信息化建设,开展相关培训,指导各区开展志愿者注册、服务存储与兑换等工作,评估、监管"时间银行"的运行绩效;而各区政府具体组织实施本区的"时间银行"工作。①《青岛市养老服务时间银行实施方案(试行)》中的政策执行府际网络体系为市、区(市)、街(镇)三级"时间银行"管理体系,实行分级管理,区设立养老服务质量指导中心,负责市养老服务"时间银行"的运行和管理,各区民政部门具体组织实施本区的"时间银行"工作,在街道(镇)级居家社区养老服务中心设立"时间银行"服务点,具体负责本辖区"时间银行"的注册登记、服务记录和质量管理。②

笔者认为,南京市和青岛市"时间银行"互助养老公共政策执行中的府际网络,主要是指市级政府下设的区政府以及区政府下面的街道、区民政局等行政单位,下级行政单位按照上级政府和相关部门对"时间银行"互助养老公共政策的工作要求,将具体的工作任务和政策落实到位,市政府从管理层面要求各区政府配合开展"时间银行"相关工作,市民政局作为业务主管部门,指导区民政局开展具体业务。府际网络是"时间银行"互助养老公共政策执行组织体系的中坚力量,起到了承上启下的衔接作用。

---

① 参考《南京市养老服务时间银行实施方案(试行)》政策文本。
② 参考《青岛市养老服务时间银行实施方案(试行)》政策文本。

4. 中国"时间银行"互助养老公共政策执行中的生产者网络

政策网络理论视角下,中国"时间银行"互助养老公共政策执行组织体系包括政策社群、专业网络、府际网络三大板块,有领导组织、专业服务组织、中层管理组织,还缺少最重要的基层执行组织。公共政策的服务往往由养老机构或者养老组织、私人部门或者社会组织提供,政府以及相关管理机构本身并不是直接的服务生产者或提供者,基层的养老组织、机构成为养老服务的生产者或提供者。在政策网络理论中,生产者网络主要由提供项目产品的公共部门、私人部门、社会组织和公众等行为主体组成。在中国"时间银行"互助养老公共政策执行组织体系中,也存在基层的执行组织或生产者,他们在"时间银行"执行体系中组成生产者网络,作为"时间银行"的具体服务网点,满足空巢、独居、高龄等不同特征老年人的需求,负责"时间银行"的服务组织、志愿者管理、时间存储与通兑、表彰奖励等相关工作。

《南京市养老服务时间银行实施方案(试行)》规定:街镇、社区的主要工作职责是建立和管理"时间银行"服务点。"时间银行"服务点是开展"时间银行"业务的具体政策执行单元,负责开展日常的政策宣传,帮助服务点附近的老年人发布服务需求,指导服务点,附近的市民注册成为"时间银行"志愿者,开展志愿者培训,协调志愿者与老年人进行服务对接。对于"时间银行"服务点的服务,政府可采取购买服务的方式委托养老服务组织提供,由区财政给予服务点一定的补贴。《青岛市养老服务时间银行实施方案(试行)》规定:青岛市在镇、街两级居家社区养老服务中心设立镇、街级"时间银行"服务网点,服务网点的工作职责主要为宣传"时间银行"互助养老公共政策,帮助老年人发布服务需求,指导市民注册成为"时间银行"志愿者,同时,向"时间银行"志愿者提供存储时间的日常查询服务,根据需要开展志愿者相关培训,协调志愿者与老年人进行服务对接。

我们中心会定点定时组织志愿者进行培训,并积极与"时间银行"运营中心(即政府购买服务的第三方组织)对接,同时根据下单量提前一天进行调度,安排志愿者上门。我们会提前了解老人的需求,就提供服务的时间征求老人的意见,并与志愿者进行协调,确定好时间以后,通知双方,按照确定的时间开展服务。

如果有问题,我们会及时反馈到"时间银行"运营中心,"时间银行"运营中心也会在最短的时间内答复我们。我们会关注服务细节,不断改进操作流程,加强对志愿者的监管,促进志愿服务质量的提高。

——南京市某养老服务中心负责人 X

调查发现,南京市和青岛市在街道、社区的养老服务中心或者养老院等嵌入了"时间银行"系统,将其作为"时间银行"养老服务的供应点,在区政府、区民政局的领导与指导下开展工作,通过组织不同年龄段的志愿者,为养老服务中心、养老机构和街道、社区中的老年人提供服务,搭建互助平台,协调服务者与被服务者的时间,开展志愿者的培训与宣传。这些街道、社区的养老服务中心或者养老院是中国"时间银行"互助养老公共政策执行过程中具体的服务供应商与生产者。不同区、街道、社区的养老服务中心构成了"时间银行"服务的生产者网络,该网络与市级"时间银行"信息平台网络对接。生产者网络中的"时间银行"养老服务点协助社区住户及周边人员注册志愿者,审核相关志愿者的资质,对现有的志愿者进行整合,对接相关服务,对志愿服务进行回访和满意度调查。① 这些"时间银行"养老服务中心

① 养老服务"时间银行"点的工作内容来源于青岛市养老服务"时间银行"宣传手册。

或者组织构建的"时间银行"生产者网络,是中国"时间银行"互助养老公共政策执行组织体系中最基础与最重要的执行单元。

5.中国"时间银行"互助养老公共政策执行中的议题网络

有学者认为,民主和发展是当今世界的两大潮流,公民通过参与各种志愿性社团组织所形成的互惠、信任、合作等规范是维系民主和促进发展所不可或缺的。如今的公民社会强调公民对社会政治生活的参与和对国家权力的监督与制约(何增科,2000)。公民社会背景下,公共政策的执行,离不开政府的主导和社会各界的广泛参与,第三方组织是公共服务的专业服务者与重要参与者,但是在公共政策执行的过程中,除了政府和第三方组织,还应该发挥公民的积极作用,例如,一些与公共政策具有利害关系或者对公共政策感兴趣的人员,也应参与公共政策的制定与执行,发挥参政、议政的积极作用。

政策网络理论中的议题网络由与某一政策具有利害关系或对某一政策感兴趣的成员组成,这些成员之间的关系并不固定,人员流动性较大。议题网络在中国"时间银行"互助养老公共政策执行的组织体系中也发挥了一定的作用。通过调查南京市和青岛市"时间银行"互助养老公共政策的执行情况后发现,一些专家、学者和公民广泛参与到"时间银行"互助养老公共政策从起草到执行的各个环节,专家发挥理论研究与智库作用;公民,特别是部分参与"时间银行"服务的老年人、志愿者则在参与的过程中,对现有政策的运行情况、相关问题提出建议,帮助政府和专业组织修订政策、改进服务、完善标准。

对于安全问题,经常会有老年人向我们提出意见,他们的戒备心理非常强,不希望被陌生人打扰。

——青岛市某养老服务中心负责人 S

我们曾经与一位专家讨论过"时间银行",他坚决反对推动"时间银行",认为"时间银行"非常复杂,难以执行。

——南京市民政局养老服务处负责人C

议题网络作为政策网络的组成部分,在公共政策的执行中并不起主导性作用,更多的是对政府、第三方组织、区和街道以及"时间银行"服务网点的运营提出意见。这既体现了民主参与作用,又发挥了公民在政府事务中的参政议政功能,避免"时间银行"互助养老公共政策在执行过程中偏离公民意志,而政府和第三方组织可以根据社会各界的意见修订政策和规定,修正政策执行方向,从而形成一个完整的"时间银行"互助养老公共政策执行组织体系。

四、小结

本章利用对南京市和青岛市的访谈资料,从中国"时间银行"互助养老公共政策执行的活动和组织体系两个维度进行了分析,旨在通过"静"与"动"的结合,较为清晰地描绘出中国当下的"时间银行"互助养老公共政策在执行过程中的特点。在南京市和青岛市"时间银行"互助养老公共政策的执行中,重点选取了"时间银行"互助养老公共政策全面执行前的政策试点、政策宣传和政策安全保障三个"动作"。研究发现,不论是南京市还是青岛市,都注重政策的试点,并在政策试点的基础上逐步向全市铺开;而在"时间银行"互助养老公共政策的宣传方面,两地都采用了线上宣传与线下宣传相结合的方式,以改善宣传效果;在"时间银行"互助养老公共政策的安全保障方面,南京市开展了安全筛查,并为"时间银行"参与者购买保险,由于政策仍处在试点阶段,青岛市尚未打通安全信息共享通道,也没有完全落实保险保障,青岛市未来的安全保障工作会按照南京市的模式进行。

在分析南京市和青岛市"时间银行"互助养老公共政策执行的组织体系时,先利用第三方治理理论,强调了第三方组织在社会发展、公共事务管理、公共服务提供中的重要作用,突出其与政策部门的合作关系,为接下来的"时间银行"互助养老公共政策组织体系的研究奠定基础。再利用政策网络理论,从政策社群、专业网络、府际网络、生产者网络和议题网络五个维度,分析了南京市和青岛市"时间银行"互助养老公共政策在执行过程中的组织体系,由市政府和相关部门组建的政策社群起到了主导与管理作用,第三方组织构建的专业网络作为"时间银行"互助养老公共政策的专业支持者与具体推动者,区级政府部门和民政部门组成的府际网络是连接政策社群和基础执行单元的"桥梁",养老服务"时间银行"服务点是政策网络中最重要和最基层的执行单元,专家学者和民众构成议题网络,是政策网络中的监督者和建议者。上述五个部分构建了一个完整的组织体系,这一组织体系是政策执行中每个"动作"产生的基础,离开这一组织体系,中国"时间银行"互助养老公共政策将无法有序执行。图 5-2 为中国"时间银行"互助养老公共政策的政策网络体系。

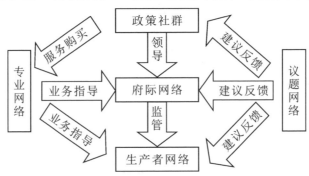

图 5-2　中国"时间银行"互助养老公共政策的政策网络体系

通过对中国"时间银行"互助养老公共政策的执行开展"静"与"动"的分析,可以看出中国"时间银行"互助养老公共政策在南京市和青岛市的执行具有一些共同点,如市政府的高度重视是两地能顺利开展"时间银行"互助养老公共政策的政治基础,市级民政局成为两地"时间银行"互助养老公共政策执行的"发动机",起到了主导性作用。然而,受经济发展水平、社会文化背景和政治等因素的影响,两地"时间银行"互助养老公共政策的执行过程还存在一定的差异,特别是在政府各部门之间的沟通和支持上。本章勾勒出了中国"时间银行"互助养老公共政策执行的组织体系,这一较为成熟的组织体系可以为未来中国其他地区"时间银行"互助养老公共政策的执行提供参考,为新的"时间银行"互助养老公共政策的落地确立组织范式,但是这一组织体系需根据地方特点因地制宜地应用。

第六章 中国"时间银行"互助养老公共政策过程分析

第四章和第五章从公共政策过程的角度,围绕两个方向即政策制定和政策执行对中国南京市和青岛市的"时间银行"互助养老公共政策进行分析。在政策制定这一章,主要介绍了如何在实践过程中确定政策问题,根据哪些上位法明确政策目标与政策原则,由谁或哪些部门推动"时间银行"互助养老公共政策提上议程,以及如何开展政策起草工作。在政策执行这一章,着重围绕政策执行中的重要活动,例如政策试点、宣传、安全保障等进行论述。此外,还利用政策网络理论从五个方面分析了中国"时间银行"互助养老公共政策执行的组织体系,即政策社群、专业网络、府际网络、生产者网络和议题网络。对"时间银行"互助养老公共政策的执行采用"动"与"静"结合的方式进行分析,较为全面地概括了当下中国"时间银行"互助养老公共政策的执行情况。在前述两章的基础上,本章将分析中国"时间银行"互助养老公共政策过程的特点,以及政策过程中反映出的问题,并就这些问题提出解决方案,以期为中国"时间银行"互助养老公共政策的有效落地提供指导。

一、中国"时间银行"互助养老公共政策过程特点

(一)突显了中国共产党的领导与政府的主导

在我国人口老龄化的背景下,解决好养老问题,让老年人老

有所养,是党和政府的重要工作目标。在这一形势下,"时间银行"成为创新养老方式的新路径。中国部分地区已开始探索利用"时间银行"构建互助养老体系,发挥社会力量在养老服务方面的积极作用,从而在政府与市场分配以外形成新的社会分配机制。在宏观层面,中国尚未出台专门针对"时间银行"的公共政策,但在中央精神和相关政策的引领下,南京市和青岛市将"时间银行"提上了议程,并合力推动了"时间银行"互助养老公共政策的制定与执行。在政策过程中,中国共产党的领导始终发挥重要作用,特别是在部门协调和配置政治、经济、社会资源方面,党以及党领导的政府部门都发挥了核心作用,例如,政府为推动政策发展,从财政留出预算提供保障等。虽然在"时间银行"发展的可行性方面,曾有学者多次提出反对意见,但是党和政府还是坚持从民生和社会发展大局的角度出发,保障相关政策的有效落地。落地后的"时间银行"也的确发挥了积极作用,成为中国政府解决民生问题的路径之一。南京市和青岛市之所以能率先推动"时间银行"互助养老公共政策的落地,正是基于党的领导和政府的主导,特别是在重大抉择时刻,党领导的政府力排众议,坚持人民利益至上、一切为了人民,坚持发展"时间银行"事业。此外,部分领导干部大胆创新,锐意进取,对"时间银行"互助养老公共政策的落地实施发挥了重要作用。党的领导发挥了自上而下的动员与主导作用,在推动国家重大行政改革、民生发展、政策落地方面呈现出了巨大的优势,彰显了中国特色社会主义的体制优势。

招标之前,某专家学者写了很多文章坚决反对"时间银行"的开展,认为时间银行太复杂,不具有可操作性。我们认为,从宏观上来说,"时间银行"是具有积极意义和社会价值的。作为养老服务部门,我们非常希望能为解决养老问题贡献微薄的力量,为群众做点实事。

——南京市民政局养老服务处负责人C

（二）激发了社会力量的参与

"时间银行"互助养老公共政策是政府解决养老问题和创新养老事务管理的新途径。从某种角度来说，公共政策的制定与执行应该是政府的本职工作，社会力量并非公共政策制定与执行的主体。但是，在中国"时间银行"互助养老公共政策过程中，不仅党政力量和政府部门发挥了主导作用，社会力量也发挥了重要的作用，实现了自上而下和自下而上的结合，形成了推动"时间银行"互助养老公共政策制定和执行的政策网络组织体系。一方面，在制定"时间银行"互助养老公共政策的过程中，专家学者、养老服务机构代表积极参与政策的起草、调研，部分第三方社会组织也承担了政策的起草工作，帮助政府部门完善政策内容。另一方面，在执行"时间银行"互助养老公共政策的过程中，第三方社会组织成为推动政策落地的专业组织，代表政府部门承担了"时间银行"互助养老公共政策执行中的培训、宣传、管理等工作，弥补了政府部门在人员等方面的不足，部分专家学者、老年人、志愿者踊跃参与政策的监督与反馈，共同推动中国"时间银行"互助养老公共政策的有序执行。笔者认为，中国"时间银行"互助养老公共政策之所以能够激发社会力量的参与，主要有两方面的原因：一是互帮互助的志愿者精神已深入人心，社会主义核心价值观逐步形成，互相尊重、互相关心、互相帮助、和睦友好成为中国特色社会主义核心价值观下新型的人际关系；二是创新成为新时代背景下政府转型的重要方向，政府开始从大包大揽者向"领航者"与"掌舵人"的方向转变，实行简政放权，通过购买社会服务的形式，激发了社会力量在社会发展、社会治理、社会创新中的作用，逐步形成共建共治共享的现代化治理体系。

（三）采取了稳中有序的渐进发展方式

美国学者林德布洛姆构建了渐进决策理论。在渐进主义者看来,政策只能根据以往的经验在现有的基础上实现渐进的变迁,依据现有的政策方案,对它进行局部的、小范围的调适,就可以产生新的政策(桑春红、吴旭红,2018)。一般来说,渐进决策理论强调根据环境的变化与实践的发展,不断调整原先的政策,通过政策的逐步改进,完善政策内容,提高政策的执行效率。

公共政策是影响范围较大的政府决策,如果朝令夕改,一是会增加政策成本,二是容易产生社会问题,影响政府信誉。中国是人口大国,公共政策的影响范围大、政策成本高,因此,公共政策的决策与执行需要稳步进行。在南京市和青岛市的"时间银行"互助养老公共政策实践中,就体现了渐进发展的模式。一是政府在制定"时间银行"互助养老公共政策时,根据《志愿服务条例》和相关养老政策,逐步确定"时间银行"互助养老公共政策的主要内容,并未跳出原有政策的精神;二是在推动"时间银行"互助养老公共政策执行的过程中,并没有急于全面推广,而是采取了试点和试行的形式,在实践中逐步完善政策内容,逐步推进全面落实;三是政策的服务对象与应用范围,一开始仅限于部分居家养老和志愿者人群,希望积累一定的"时间银行"发展经验,提升"时间银行"互助养老公共政策执行效果,防止新的政策对原有社会秩序和社会发展规律造成不良影响,避免政策创新带来的社会负面效应。当前,中国"时间银行"互助养老公共政策属于政策体系中的新政策,南京市和青岛市是制定和执行"时间银行"互助养老公共政策的先驱,还存在经验不足等问题。因此,中国"时间银行"互助养老公共政策在前期应该采取渐进式发展模式,只有发展经验逐渐丰富、发展模式渐趋成熟、政策体系不断完善之后,"时间银行"互助养老公共政策的制定与执行才能加快速度,避免出现基础性与结构性政策问题,产生不良的社会影响与政策波动。

我们认为,首先要把居家养老做好,做好以后,再进一步拓展。其实,我们不想把项目过度泛化,让过多的人员参与进来。因为推动"时间银行"的本意是让低龄老年人服务高龄老年人,设想的服务主体是 55 岁以上的女性、60 岁以上的男性,而不希望过度地吸引其他群体,比如大学生、工薪阶层,让他们过早地产生存"时间"的想法,导致影响自己正常的生活、学习和工作,这不是我们愿意看到的。

——南京市民政局养老服务处负责人 C

我们计划 2021 年在全龄段、全行业推广"时间银行",逐步放开志愿服务内容。最初我们确定范围的原则是"小切口稳步走"。"时间银行"在没有解决争议性细节问题之前不能贸然全面放开,一旦贸然全面放开,会带来很多意想不到的问题,达不到预想的效果。

——南京养老志愿服务联合会负责人 S

我觉得养老护理确实需要"时间银行",但在"时间银行"政策正式实施之前,要先试运行一段时间,先看看有哪些基础性的问题。全国性的政策不能在基础性问题还没有解决的情况下就定下来了。

——青岛市民政局养老服务处负责人 Q

二、中国"时间银行"互助养老公共政策过程存在的问题

(一)对概念与政策的认识不足

"时间银行"作为 20 世纪 80 年代才出现的新兴概念与机制,对中国来说属于舶来品,很多人并不理解其概念以及相关理论,甚至政府机构也缺乏对该概念的认识。调查发现,南京市"时间银行"互助养老公共政策的政策企业家虽然一直致力于"时间银行"互助养老公共政策的起草,但并不完全了解"时间银行"的概念,仅从志愿服务的角度理解"时间银行"。政府机构在

"时间银行"的理论认识和实践经验方面可能仍存在不足。政策社群是中国"时间银行"互助养老公共政策的主导者、监督者和管理者,政府部门的主要负责人如果对"时间银行"概念的认识不清,对"时间银行"互助养老公共政策的目标和价值认识不足,将难以从内心深处认同"时间银行"事业发展的意义,无法更好地发挥政策主体、政策推动者和执行者的主动性和创新性,从而保障"时间银行"互助养老公共政策在推动"时间银行"事业发展方面发挥作用,促进"时间银行"互助养老公共政策的全面、有效实施。

什么是"时间银行"? 我认为可以这样理解,就是把志愿服务存下来,以后再用。

——南京市民政局养老服务处负责人C

现在最大的问题是各个区对"时间银行"的理解程度不一样。领导特别是一把手对"时间银行"的认知和态度不同,决定"时间银行"推进的不同成效。改变人们对"时间银行"的认识和理解,还需要一个漫长的过程。这个问题对于政府来说是比较明显的一个痛点。

——青岛市"时间银行"管理中心负责人C

(二)"时间银行"互助养老公共政策的评估体系有待健全

公共政策评估是指政府、专业机构和其他利益相关者对公共政策的成本、收益、效率、结果和影响等进行测量、研判和评价,从而明晰政策价值和启发政策行动。公共政策的评估不仅限制于公共政策执行结束后,而且要贯穿在整个政策过程中(李国正,2019)。当前,南京市和青岛市已制定与执行"时间银行"互助养老公共政策,这在全国范围内处于领先地位。南京市和青岛市的"时间银行"互助养老公共政策还处于探索中,两地尚未建立全面的评估体系,但南京市曾尝试建立区级评估体系。

问:咱们目前有没有就"时间银行"的整个政策过程建立一个评估的机制?

答:还没有。

——南京市民政局养老服务处负责人C

问:政策从起草到执行的整个过程中有没有建立一个评估机制?

答:目前还没有。

——青岛市民政局养老服务处负责人Q

由于尚未建立科学明晰的评估与考核机制,导致"时间银行"互助养老公共政策的执行效果不佳。例如,通过调查发现,青岛市各个区对"时间银行"互助养老公共政策的执行存在不够重视的问题,导致青岛市"时间银行"互助养老公共政策的执行效果未达到预期状态,部分区和街道的志愿者注册、老年人需求满足等工作出现了放任自流的管理状态。

就目前看,执行的效果还可以,但是还没有达到预期的效果。现在从区到街道,大家对推进"时间银行"的重视程度普遍不高,包括对志愿者的注册情况、订单情况、志愿服务质量等普遍不够重视,处于一种放任自流的状态。这是我们不愿意见到的。

对于这种状况,我们希望以政府的力量去推动,确定指标,进行考核,推动相关部门和人员关注数据、研究订单、思考对策,更好地推动"时间银行"政策的执行。

——青岛市民政局养老服务处负责人Q

相比于青岛市,南京市在执行"时间银行"互助养老公共政策的过程中,注重对各区和街道"时间银行"互助养老公共政策的落实情况进行考核。但是,由于对"时间银行"互助养老公共政策过程并没有建立完整的评价与考核机制,缺乏科学的评价与考核指标。考核指标作为刚性的工作要求,并没有激发人们推动"时间银行"事业发展的积极性,只是基层政府的一项行政任务,对考核指标流于应付,并没有真正追求"时间银行"互助养老公共政策的目标和价值。

"时间银行"由政府发起,我觉得这是很有意义的,也是非常重要的。但是政府不应该把它作为一项刚性的考核指标。否则,"素质教育"就变成了"应试教育",大家落实政策只是为了完成任务。在执行层面,政府应该更多地去引导和宣传,辅以一定的行政力量,而不是一项硬性的考核指标。

——南京市民政局养老服务处负责人 C

在"时间银行"政策落地实施的过程中,各个部门的重视程度有较大的差异。农村地区对"时间银行"政策的重视程度相对较弱,认知水平相对较低。农村地区的工作人员会觉得这项工作的任务仅仅是提供数据而已。从数据上来看,我们发现,城市的志愿者数量、服务对象数量远不及农村。但是,农村活跃志愿者的数量很少,比如总共有 3000 名志愿者,但活跃志愿者可能只有 100 名,其中的 2900 名志愿者是充数的,难以发挥作用。这是硬性过度考核带来的不良后果。这样,我觉得"时间银行"就失去了意义。

——南京养老志愿服务联合会负责人 S

与其他地方相比,虽然南京市和青岛市"时间银行"互助养老公共政策的制定与执行起步早、速度快,但在政策的制定、执行、评估、监管等方面却存在不完善的情况,探索实践走在理论研究之前,政策评估体系和评估环节的健全需要足够的时间。通过收集数据与意见,可以对"时间银行"互助养老公共政策过程中的诸多问题进行分析,逐步健全评估指标体系和监督管理机制。

（三）"时间银行"互助养老公共政策的监控体系尚不成熟

公共政策监控是公共政策过程的一个基本环节，监控贯穿于公共政策全过程，对公共政策的制定、执行、评估等都起着重要的作用。通过全方位监控，可以发现由于各种主客观因素导致的政策制定失误、执行不力、目标偏差、方案缺失等影响政策质量和效果的问题，并及时反馈给相应环节，对政策进行不断的修正、补充和发展。公共政策监控作为一个动态的过程，由公共政策监督、公共政策控制和公共政策调整三个部分组成（桑春红、吴旭红，2018）。总之，合理的监控机制和监控活动有助于公共政策的贯彻落实，是实现政策目标与价值的有力保障。

访谈发现，南京市和青岛市尚未在"时间银行"互助养老公共政策的制定、执行和评估环节建立系统成熟的政策过程监控机制。在政策制定、执行、评估环节，对于由谁来监督各部门是否履行了工作职责，是否严格按照政策要求开展相关工作，尚未形成制度性规定，更多的只是由第三方社会组织通过"时间银行"线上平台收集民众的反馈。同时，受到客观环境与主观意愿的影响，对部分"时间银行"服务点的意见难以自由表达，缺乏制度性保障。南京市对"时间银行"互助养老公共政策已初步建立反馈机制，通过收集民众意见了解监督执行中出现的状况，及时解决政策执行中存在的问题。

我们每周都在做关于"时间银行"的问卷调查，并且建立了反馈机制，调查志愿者在提供服务的过程中遇到了哪些问题，希望我们做些什么，老年人的服务需求是否得到了满足等情况，以方便我们及时了解和调整。

——南京养老志愿服务联合会负责人S

南京市和青岛市"时间银行"互助养老公共政策的执行处于

探索实验期,两地尚未建立明确的公共政策调整机构。而南京市有了初步的"时间银行"互助养老公共政策调整机制,并开展了政策调整工作,将原先的六个细则调整成九个政策细则。南京市还采用一年讨论一次的方式,及时调整或修订原有政策,且调整或修订政策的专家也会根据现实情况进行调整。总之,对于"时间银行"互助养老公共政策的调整与政策过程的协调,尚缺乏清晰的制度性规定,公共政策监控的主体、环节、原则还需明确。

我们每年都会对"时间银行"政策进行讨论和或多或少的修订。参与政策修订的专家组成结构基本不变,但具体人员会变。比如说行业协会的领导、民政部门的领导调整后,我们也会调整政策修订的相关人员。

——南京养老志愿服务联合会负责人 S

去年试点的 3 个区试行"时间银行"政策的时间不到 6 个月,我们认为已经没有什么大的风险了,就开始向全市全面推广,以更快更好更全面地实施"时间银行"政策。

——青岛市民政局养老服务处负责人 Q

三、中国"时间银行"互助养老公共政策过程完善建议

(一)针对南京市和青岛市"时间银行"互助养老公共政策完善的建议

1. 提升对"时间银行"概念与政策价值的认识层次

笔者认为,虽然南京市和青岛市对"时间银行"互助养老公共政策采取了多种宣传方式,实现了线上宣传和线下宣传的结合,但是,这种宣传更多地停留在基础层面,未能达到内化于心的效果。对比,除了需要关注考核制度的建设,以外力强化执

行,更需要关注内因,即对"时间银行"的概念与政策价值形成正确的认识。只有通过深化各级政府、民众对"时间银行"这一概念与政策价值的认识,才能推动各级政府部门以及相关工作人员、民众广泛参与。在实践中,人们往往将"时间银行"简单地等同于志愿服务或者养老互助,这一认识只凸显了"时间银行"的互助性与公益性,仅从这两点去认识"时间银行"或者宣传"时间银行",容易因为狭隘理解概念与政策价值,降低人们对"时间银行"事业与政策的重视程度,或者仅仅引起目标人群或政策相关群体的关注,难以吸引更多潜在的政策关注者与参与者。

埃德加·卡恩的合作共产理论为"时间银行"概念与价值的理解提供了一种理论路径。埃德加·卡恩合作共产理论有四个方面的价值,即资产、重新定义的工作、互惠和社会资本,笔者认为对"时间银行"的概念和政策价值应该超越互助养老和志愿服务来理解。首先,对于"时间银行"概念的理解,可以遵循大多数理论研究的观点,即服务"时间"的存储与交换机制,这种机制可以用于养老或志愿服务等不同领域。其次,对于"时间银行"互助养老公共政策,应该从更高的价值层面进行宣传,例如,在资产这一价值下,"时间银行"互助养老公共政策应该强调包括老年人、参与社会服务在内的每个人都是社会资产,都具有社会价值与作用,可以从人的价值的角度强调每个人在"时间银行"互助养老公共政策各个过程中的贡献与作用。在重新定义的工作价值下,"时间银行"互助养老公共政策不仅应强调"时间银行"在互助养老、志愿服务等方面的作用,更应该强调"时间银行"在促进社会公平、正义,推动共建共治共享社会治理体系建立方面的作用,从而升华不同人群对"时间银行"互助养老公共政策的价值认识。在互惠这一价值下,对"时间银行"互助养老公共政策的价值进行宣传时需要强调人与人之间的互惠以及"时间银行"互助养老公共政策的有效落实对政府治理的促进作用。同时,"时间银行"事业的发展有助于民生问题的解决,为政府治理提供了新的工具。在社会资产价值下,"时间银行"机制为社会资产的聚集与再分配提供了一种新的路径,"时间银行"互助养老公共政策的有效落实能够推动形成除政府分配和市场分配之外新的社会分配制度,为政府治理和社会经济发展提供社会资本。

笔者建议,在概念与政策价值的宣传上,要引导民众从更高的层面理解"时间银行"的概念与"时间银行"互助养老公共政策的价值,从而增强不同政策主体参与"时间银行"互助养老公共政策过程的动力。

2.健全"时间银行"互助养老公共政策评估体系

当前,虽然我国部分地区已开展了"时间银行"实践,但是"时间银行"互助养老公共政策总体上发展相对滞后,且目前仅有南京市和青岛市在市级层面制定了"时间银行"互助养老公共政策,且两地的政策尚在试点、实验阶段。"时间银行"互助养老公共政策属于新政策,在实践过程中难免会出现一些问题,包括政策环节缺失,例如,两地在市级层面都尚未健全"时间银行"互助养老公共政策的评估体系,缺失评估环节。新政策的出台与执行,往往难以做到尽善尽美,配备完善的政策体系与完整的政策过程,特别是"时间银行"互助养老公共政策还属于养老领域的创新政策。但是,从"时间银行"事业和公共政策的长远发展来看,需要构建完整的政策过程,进行科学的评估。

首先,要明确"时间银行"互助养老公共政策评估的主要内容与方向。例如,围绕政策过程的投入与产出、政策绩效、政策回应程度、政策公平性、政策适合性、政策执行力等内容进行评估(李国正,2019)。政策过程的投入与产出中,可以评估政策过程中投入的政策资源、社会资源是否产生了良好的政策效果,是否完成了拟定的工作任务;在政策效率上,可以评估"时间银行"

互助养老公共政策在经济、技术上的优劣,还可以评估"时间银行"互助养老公共政策系统的组织状况、政策网络体系、管理能力是否与政策投入相匹配;在政策回应程度方面,可以评估"时间银行"互助养老公共政策的执行是否解决了政策拟定的问题,是否很好地体现了"时间银行"互助养老公共政策的公益性、互助性、激励性、持续性原则,是否拓宽了互助养老路径,是否满足了空巢、独居、高龄老年人居家养老的需求,人们的满意度是否符合预期;在政策公平性方面,主要判断"时间银行"互助养老公共政策的执行是否有助于在社会资源、经济利益、价值、机会等方面实现公平公正;在政策适合性方面,可以判断"时间银行"互助养老公共政策的制定与执行是否符合国情,是否适合社会普遍的利益偏好或价值取向;在政策执行力方面,可以评估"时间银行"互助养老公共政策的落实情况,对政策执行的方法、措施以及权威性、完整性等进行评估。

其次,要在整个"时间银行"互助养老公共政策过程中构建完整的评估体系,既要在政策起草、制定方面注重评估,又要在执行过程中进行评估,同时还要开展事后评估,即对政策执行的整体效果进行评估。

最后,建议政策评估主体多元化,不仅要强调对不同层级、政府部门的工作评估,还需要引入第三方评估的方式,科学、客观地对"时间银行"互助养老公共政策过程进行评估。

3.强化"时间银行"互助养老公共政策监控

公共政策的监控与评估不同,评估是为了了解政策是否达到了预期的目标、价值与作用,用于考察整个政策过程,而政策监控的目的是了解政策在运行中是否出现偏差,及时将脱离正常运行轨道的政策引导回拟定的正确路径,以控制政策过程不出现差错并及时调整,一个强调评价,一个突出控制。"时间银行"互助养老公共政策具有创新性与探索性,而我国在"时间银行"互助养老公共政策方面的实践与理论研究方面起步较晚,基础较为薄弱,在运行"时间银行"互助养老公共政策的过程中难免会出现偏差,需要强化对政策过程的监控,不断校正"时间银行"互助养老公共政策的运行方向。

首先,要强化"时间银行"互助养老公共政策过程监督。第一,建立必要的制度与规定,明确政策主体的职责和权利范围,明确政策客体或政策参与方的权利与义务,发挥不同政策主体的监督作用;第二,建立多元的监督机制,通过线上监督和线下监督的结合,广泛鼓励不同监督主体的参与,监督主体既可以是政府部门,也可以是社会组织和人民群众,但是要保证监督者的独立性,避免出现利益相关者的内部监督,从而产生"失真";第三,建立监督意见流通机制,保证监督者发声的同时,监督意见能及时得到采纳与应用,使得监督有一个良好的效果;第四,要使监督贯穿于"时间银行"互助养老公共政策的全过程。

其次,要强化"时间银行"互助养老公共政策过程控制。第一,制定政策控制标准,明确一定的控制指标,使政策控制标准化;第二,根据政策实际执行情况,分析政策成效与政策标准是否匹配;第三,找出政策偏差并分析政策偏差产生的原因;第四,根据偏差产生原因制订政策偏差纠正计划;第五,纠正政策偏差;第六,评估政策监控成效,并确定是否开展下一轮政策控制。

最后,要适当调整"时间银行"互助养老公共政策。根据社会环境、政治环境、经济环境和文化环境的改变,以及政策目标群体需求的变化和政策开展的实际情况,及时对"时间银行"互助养老公共政策的内容进行调整,包括及时调整政策问题,重新明确政策目标,修订政策方案,使新调整的"时间银行"互助养老公共政策能满足新环境下的新需求和新情况,从而保障"时间银行"互助养老公共政策的针对性、适用性、求实性和创新性。图6-1为"时间银行"互助养老公共政策过程的控制流程。

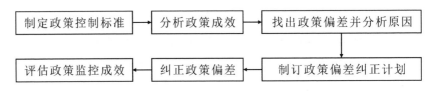

图 6-1 "时间银行"互助养老公共政策过程的控制流程

(二)针对中国"时间银行"互助养老公共政策完善的展望

1. 自上而下与自下而上相结合

在国家层面发展"时间银行"互助养老公共政策,要继续坚持中国共产党的领导,发挥政府的主导作用,自上而下地推动"时间银行"互助养老公共政策的制定、执行、评估、监控,同时,积极引导第三方社会组织、专家学者和民众广泛参与,发挥社会力量在"时间银行"互助养老公共政策过程中的作用,实现政治力量、社会力量的二力合一。政府要积极进行宏观的引导,使更多的人参与"时间银行"互助养老公共政策的制定、完善、执行、评估和监控等环节,为"时间银行"互助养老公共政策的发展奠定良好的基础,形成政府主导和社会各界广泛参与的良好发展局面,以共建共治共享推进中国"时间银行"互助养老公共政策的快速发展。

2. 以大政策体系保障"时间银行"互助养老公共政策的发展

"时间银行"互助养老公共政策是养老服务政策的一部分。未来,在宏观公共政策层面,要继续推进整个政策体系的发展,完善养老服务政策体系,同时,制定支撑"时间银行"互助养老公共政策的配套政策,例如,利用税收政策、财政政策,为"时间银行"互助养老公共政策提供财力支持,利用志愿者服务政策和人

才培养政策,为"时间银行"互助养老公共政策提供人力支持,利
用信息管理政策,为"时间银行"互助养老公共政策的信息化建
设提供技术支持。总之,应该在国家宏观层面尽快制定针对"时
间银行"事业发展的相关政策,以宏观政策的出台和政策环境的
改善,推动我国"时间银行"互助养老公共政策更好地发展。

3.知行合一,以点带面

　　未来,要加强对南京市和青岛市"时间银行"互助养老公共
政策的科学研究,总结两地的经验,结合"南京模式"和"青岛模
式",为更多地区出台与实施"时间银行"互助养老公共政策提供
政策咨询与理论建议。同时,还需要进一步强化对国外"时间银
行"互助养老公共政策的研究与调查,以他山之石,丰富我国"时
间银行"的理论研究成果,实现"洋为中用"。在理论研究的基础
上,还应该建立地区之间"时间银行"互助养老公共政策主体间
的联系、沟通、互助机制,促进理论成果、发展经验的共享,以两
地"时间银行"互助养老公共政策的发展带动全国更大范围"时
间银行"互助养老公共政策的发展,逐步推动"时间银行"互助养
老公共政策在国家层面的构建与完善。

第七章 结 论

一、研究结论

本书以南京市和青岛市为例,分析了"时间银行"互助养老公共政策过程的主要环节。通过对南京市和青岛市的实地调查和对政府工作人员、专业社会组织负责人、"时间银行"服务点负责人的访谈,挖掘出中国"时间银行"互助养老公共政策的特点,在实践中取得的经验,在此基础上,找出实践中的不足,并提出针对性的建议,以期为"时间银行"互助养老公共政策的完善提供理论参考,推动"时间银行"互助养老公共政策的发展。

本书的基本观点是:在中国,"时间银行"互助养老公共政策的制定与执行,离不开中国共产党的领导和政府的主导,政治力量是推动"时间银行"互助养老公共政策产生与发展的核心力量,而民政部门是该政策系统的主力军,起到了上传下达和在不同部门间协调的作用,是中国"时间银行"互助养老公共政策发展的"发动机"。在整个政策过程中,第三方社会组织、专家学者和民众是保障"时间银行"互助养老公共政策有效落地的重要力量。由此可见,中国"时间银行"互助养老公共政策过程是自上而下与自下而上的结合。在南京市和青岛市"时间银行"互助养老公共政策过程中,缺少对政策的评估和监控环节,需在今后的发展中不断完善与健全。本书的具体结论如下:

第一,利用多源流理论,本书重点研究了中国"时间银行"互助养老公共政策议程的开启。研究发现,在中国人口老龄化的背景下,家庭养老功能的局限性凸显,代际支持、社会支持和政府支持欠缺,养老问题成为"时间银行"互助养老公共政策的问题源流。宏观政策,如《志愿服务条例》和国家养老相关政策的出台,为解决养老问题提供了政策指导与参考,是"时间银行"互助养老公共政策的政策源流。受上述源流的影响,"时间银行"被逐步纳入政府议程以解决养老问题,成为中国"时间银行"互助养老公共政策的政治源流。民政系统养老服务处的负责人作为"时间银行"互助养老公共政策议程的政策企业家,与问题源流、政策源流和政治源流一起开启了中国"时间银行"互助养老公共政策的议程。从政策被提上议程到政策的正式制定,需要解决部门利益冲突,实现部门利益的统一与政策的合法化。

第二,在中国"时间银行"互助养老公共政策的执行环节,通过调查和谈访发现,南京市和青岛市"时间银行"互助养老公共政策都有试点、宣传和安全保障环节,特别是通过身份信息筛查和保险机制构建了执行"时间银行"互助养老公共政策的安全保障。两地"时间银行"互助养老公共政策的有序执行还离不开组织体系的推动。本书利用第三方治理理论和政策网络理论对中国"时间银行"互助养老公共政策的组织体系进行了研究,发现第三方部门(或者第三方社会组织)已成为"时间银行"事业和互助养老公共政策的重要参与者和推动者,成为中国部分地区养老服务的主要提供方。南京市和青岛市已经构建了"时间银行"互助养老公共政策的网络组织体系,包括政府主要领导和部门组成的政策社群、第三方社会组织组成的专业网络、社区和街道组成的府际网络、养老服务机构组成的生产者网络以及专家学者和民众组成的议题网络。政策社群负责"时间银行"互助养老公共政策的整体领导与管理,专业网络负责利用专业知识、技术帮助政府和"时间银行"服务点进行业务指导、宣传培训等,府际网络在政府领导下负责上传下达,起到了中间管理者的作用,生产者网络负责具体开展服务,议题网络负责对整个政策过程进行意见反馈。上述五大网络的合作与分工保障了中国"时间银行"互助养老公共政策的有效执行,为今后我国其他地区"时间银行"互助养老公共政策的执行提供了实践经验。

第三,通过对南京市和青岛市"时间银行"互助养老公共政策的研究发现,人们对"时间银行"的概念和政策价值的认识还存在不足,同时,政策过程缺失评估和监控环节。本书的结论是,首先要深化对"时间银行"概念和公共政策价值的认识,根据埃德加·卡恩的合作共产理论的四个方面价值,提出要根据资产价值强调每个人在"时间银行"互助养老公共政策过程中的社会价值与作用;在重新定义的工作价值下,强调"时间银行"互助养老公共政策在促进社会公平、正义,推动共建共治共享社会治理体系建立方面的作用,从而加强不同人群对"时间银行"互助养老公共政策价值的认同;基于互惠价值,"时间银行"互助养老公共政策的有效落实可以凸显社会治理成效。在社会资产价值下,"时间银行"互助养老公共政策的有效落实有助于形成新的社会分配机制,为政府治理和社会经济发展提供社会资本。其次,要在"时间银行"互助养老公共政策过程中构建完整的评估体系,使政策评估主体多元化,完善评估环节与机制。最后,在整个政策过程中,要强化政策监督与控制,根据客观环境的变化,适当调整"时间银行"互助养老公共政策的内容,以适应中国"时间银行"事业的新需求与新发展。

本研究发现,南京市和青岛市之所以能够在市级层面率先制定与实施"时间银行"互助养老公共政策,归根结底还是由于中国共产党的领导和政府的主导作用,这正彰显了中国特色社会主义的体制优势。此外,第三方社会组织、专家学者、民众也在"时间银行"互助养老公共政策的发展中起到了重要的补充作用,特别是第三方社会组织为两地"时间银行"互助养老公共政策的制定与执行搭建了桥梁,实现了南京模式、经验、成果的复制与共享,加速了青岛市"时间银行"互助养老公共政策的制定与实施,体现了跨区域的共建共治共享。不可否认,两地"时间银行"互助养老公共政策制定与执行的实践经验,可为中国"时间银行"互助养老公共政策的发展提供重要的参考价值。

二、创新点与不足

本书的创新主要体现在以下三个方面:一是在中国"时间银行"理论研究领域补充了"时间银行"互助养老公共政策过程研究,特别研究了南京市和青岛市"时间银行"互助养老公共政策的过程。二是运用政策网络理论,从政策社群、专业网络、府际网络、生产者网络、议题网络几个方面分析了南京市和青岛市"时间银行"互助养老公共政策过程的组织网络体系,可以为今后其他地区制定和实施"时间银行"互助养老公共政策提供参考。三是针对南京市和青岛市"时间银行"互助养老公共政策过程的特点与实践经验,为今后中国"时间银行"互助养老公共政策的制定与执行提供经验参考与理论依据。

本书也存在一些不足,主要体现在以下几个方面:一是通过网络调查,发现仅南京市和青岛市两地在市级层面颁布了"时间银行"互助养老公共政策,存在因案例有限,部分市级政策研究样本未被发现的可能,加之受客观条件影响,赴南京市和青岛市开展调查研究次数有限,部分内容只能通过电话访谈获得,导致在素材收集方面可能存在不足。二是由于"时间银行"互助养老公共政策理论研究不足,难以找到一个成熟的"时间银行"互助养老公共政策过程研究框架,本书对于"时间银行"互助养老公共政策过程的研究基于西方的政策过程研究理论与框架,这种研究思路与范式是否适合中国"时间银行"互助养老公共政策的过程研究,可能会存在争议,需要在今后的理论研究中进一步讨论。三是南京市和青岛市"时间银行"互助养老公共政策尚处在试点阶段,"时间银行"互助养老公共政策过程尚不完善,难以保证研究的全面性与系统性,需要后期进一步跟踪研究并补充完善。

参 考 文 献

1.白芳芳,马芳,陈妍妍,等."时间储蓄"养老模式的可能性与可行性研究——以武汉市为例[J].湖北经济学院学报(人文社会科学版),2019,16(9):91-94.

2.白利民,白婧文.江苏省养老护理人员现状调查分析[J].中华护理教育,2011,8(7):322-324.

3.曹利军,林琳,黄雅莲,等.成都市公立养老机构护理人员现状调查[J].中国老年保健医学,2015,13(6):5-6.

4.蔡旭东.社会工作介入城市独居老人孤独感缓解的研究——以南京市X小区为例[D].南京:南京农业大学硕士学位论文,2015.

5.常成.我国长期照护政策执行偏差研究——基于政策文本分析和J省多地的调研[D].长春:吉林大学,2017.

6.陈功.社会变迁中的养老和孝观念研究[M].北京:中国社会出版社,2009.

7.陈功.中国特色:时间银行的本土化创新[J].探索与争鸣,2019(8):9-12.

8.陈功,杜鹏,陈谊.关于养老"时间储蓄"的问题与思考[J].人口与经济,2001(6):67-73.

9.陈功,黄国桂.时间银行的本土化发展、实践与创新——兼论积极应对中国人口老龄化之新思路[J].北京大学学报(哲学社会科学版),2017,54(6):111-120.

10.陈功,索浩宇,张承蒙.共建共治共享的社会治理格局创新——时间银行的可行路径分析[J].人口与发展,2021,27(1):16-24.

11.陈功,王笑寒.我国"时间银行"互助养老模式运行中的问题及对策研究[J].理论学刊,2020(6):132-140.

12.陈功,吴振东.人口老龄化背景下"时间银行"演变及其对我国经济社会发展的启示[J].北京工商大学学报(社会科学版),2021,36(2):

117-126.

13.陈际华."时间银行"互助养老模式发展难点及应对策略——基于积极老龄化的理论视角[J].江苏社会科学,2020(1):68-74.

14.陈际华,姚云伟.时间银行模式在农村互助养老长效运行机制中的探索——以苏北 SN 县为例[J].湖北农业科学,2017,56(17):3372-3377.

15.陈佳园.萨拉蒙"第三部门"思想研究[D].徐州:中国矿业大学,2018.

16.陈静.美国儿童医疗保障政策研究[D].武汉:华中科技大学,2018.

17.陈向明.质的研究方法与社会科学研究[M].北京:教育科学出版社,2000.

18.陈友华,施旖旎.时间银行:缘起、问题与前景[J].人文杂志,2015(12):111-118.

19.陈振明.政策科学[M].北京:中国人民大学出版社,1998.

20.程成.基于时间银行的居家互助养老模式研究[D].西安:西安建筑科技大学,2015.

21.戴维·伊斯顿.政治生活的系统分析[M].王浦劬,译.北京:华夏出版社,1999.

22.邓光平.我国专业学位设置的政策分析[M].武汉:华中科技大学出版社,2006.

23.邓志锋.关于我国助老服务"时间银行"建设的思考[J].南京人口管理干部学院学报,2012,28(4):17-21.

24.董自龙."时间储蓄"养老服务模式研究[J].浙江万里学院学报,2013,26(4):38-42.

25.丁文.农地流转政策议程设置研究[D].南京市:南京农业大学,2017.

26.付舒.我国养老服务政策行为者行动特征及其协同治理挑战——基于政策网络视角的文本量化分析[J].南通大学学报(社会科学版),2019,35(4):75-84.

27.高娜.青岛市长期护理保险:政策分析、实施现状与路径优化[J].

劳动保障世界,2019(24):41-43.

28.高小军,朱敏.多源流理论视域下欧盟终身学习政策变迁研究[J].比较教育研究,2020,42(10):91-98.

29.耿长娟.萨拉蒙"新治理"理论的贡献、反思与启示[J].江西理工大学学报,2020,41(4):126-132.

30.关丽净.北京市独居老人居家养老服务需求差异性研究[D].北京:首都经济贸易大学,2019.

31.郭薇薇.时间银行互助养老研究——基于广州及厦门的经验研究[D].厦门:厦门大学,2019.

32.韩锋.公共政策过程的价值困境及其解决之道——基于伦理学的考量[J].社会科学论坛(学术研究卷),2008,8:24-26.

33.黄少宽.我国"时间储蓄"养老服务模式的研究进展[J].社会保障研究,2014(6):104-111.

34.黄少宽,吴倩茹.场域—惯习理论视角下的养老服务时间储蓄制度——对广州市越秀区试点社区的实证分析[J].社会工作,2012(9):63-67.

35.黄健荣.政策、决策及其研究[J].理论探讨,2001(1):67-69.

36.黄海娜.时间银行式互助养老服务模式化发展路径探索[J].金融创新,2019(7):58-63.

37.黄如意,胡善菊.我国时间银行发展的困境与出路[J].科学管理,2013,12(9):84-86.

38.何增科.公民社会与第三部门[M].北京:社会科学文献出版社,2000.

39.蒋硕亮.政策网络:政策科学的理论创新[J].江汉论坛,2011(4):80-84.

40.姜艳华,李兆友.多源流理论在我国公共政策研究中的应用述论[J].江苏社会科学,2019(1):114-121.

41.金可.农村独居老人社会支持网络的构建——以南京市 Y 社区为例[D].华中师范大学,2020.

42.康广地.姚坊门时间银行养老模式问题对策研究[D].秦皇岛:燕山大学,2018.

42.莱斯特·M.萨拉蒙.公共服务中的伙伴——现代福利国家中政府与非营利组织的关系[M].田凯,译.北京:商务出版社,2008.

43.李东泉,李婧.从"阿苏卫事件"到《北京市生活垃圾管理条例》出台的政策过程分析:基于政策网络的视角[J].国际城市规划,2014(1):30-35.

44.李国正.公共政策分析[M].北京:首都师范大学出版社,2019.

45.李海舰,李文杰,李然.中国未来养老模式研究——基于时间银行的拓展路径[J].管理世界,2020,36(3):76-90.

46.李科.中国网络媒体政策研究[D].上海:华东师范大学,2019.

47.李水金.完善"时间银行"制度促进志愿服务发展[N].中国社会报,2012.

48.李明,曹海军.老龄化背景下国外时间银行的发展及其对我国互助养老的启示[J].国外社会科学,2019(1):12-20.

49.李宁.乡村教师生活待遇政策执行研究——基于政策工具的视角[D].长春:东北师范大学,2014.

50.李玲玉.五陵村互助养老服务时间银行问题研究[D].新乡:河南师范大学,2017.

51.李耀锋.公共政策的道德价值研究[M].北京:中国社会科学出版社,2019.

52.林鹤.协同治理视角下新农村时间银行的问题与模式设计——基于南京市Y街道的调查[J].湖北农业科学,2019,58(21):250-252.

53.林世龙.城市独居老人社区照顾模式研究[J].南京:南京农业大学,2016.

54.梁之栋.公共政策分析与研究[M].西安:西安交通大学出版社,2017.

55.刘富美.中国志愿者保险制度研究——以上海为例[D].上海:上海师范大学,2016.

56.刘海峰,王鲁刚.新高考改革网络中的利益博弈和治理策略——基于政策网络理论的视角[J].中国教育学刊,2020(9):20-25.

57.刘涧南.政策定义辨析[J].理论探讨,1992(1):52-56.

58.刘晓帆.萨拉蒙政府与非营利组织关系理论研究[D].唐山:华北

理工大学,2018.

59.刘晓帆,袁聚录.萨拉蒙对西方"福利国家"理论的批判与思考[J].华北理工大学学报(社会科学版),2017,17(5):5-9.

60.刘亚娜.我国医养结合养老服务政策网络与耦合协同[J].中国行政管理,2018(8):53-58.

61.刘烨.中国大城市社区公益性组织运作机制研究[D].上海:上海交通大学,2012.

62.马晶洁.农村养老服务补短板——时间储蓄政策[J].现代盐化工,2020(2):123-124.

63.茆长宝,穆光宗,武继磊.少子老龄化背景下全面二孩政策与鼓励生育模拟分析[J].人口与发展,2018,24(4):65.

64.迈克尔·豪利特,M.拉米什.公共政策研究:政策循环与政策子系统[M].庞诗,等,译.北京:生活读书新知三联书店,2006.

65.穆光宗.建立代际互助体系,走出传统养老困境[J].市场与人口分析,1999(6):3-5.

66.孟卫青.教育政策分析:价值、内容与过程[J].现代教育论丛,2008(5):38-42.

67.孟卫青.教育政策分析的三维模式[J].教育科学研究,2008(8):21-23.

68.孟艳,任飒,卞儒汉.社区养老新模式的探索——以"时间银行"为例[J].生产力研究,2016(7):85-90.

69.聂阳阳,穆青.志愿服务发展研究志愿服务过程中风险的预防与救助[J].中国青年研究,2010(10):8-12.

70.欧旭理,胡文根.中国互助养老典型模式及创新探讨[J].求索,2017(11):124-130.

71.钱玉玲,贺加贝,李晓宇,等.人口老龄化背景下城市"时间银行"互助养老的发展现状[J].职业与健康,2020,36(2):251-254.

72.桑春红,吴旭红.公共政策学[M].北京:清华大学出版社,2018.

73.索浩宇,吴振东,陈功."时间银行":应对人口老龄化新模式的"忧"与"思"[C].第四届北京大学老龄健康博士生论坛论文集,2019:46-57.

74. 孙锦涛. 中国教育政策前瞻性研究——基于教育政策内容、过程、环境和价值的分析[M]. 北京:科学出版社,2018.

75. 孙唐水. 养老机构中的人力资源建设问题与对策探讨[J]. 南京邮电大学学报(社会科学版),2009,11(3):61-65.

76. 沈蔓菁. 志愿活动中致损风险研究[D]. 杭州:浙江大学,2017.

77. 田保宁. 中国社区时间银行的管理与服务研究[D]. 济南:山东大学,2018.

78. 田兴洪,周艳红,郭健. 志愿者保险制度的困境与出路[J]. 中南大学学报(社会科学版),2014,20(6):172-176.

79. 王浦劬,莱斯特·M.萨拉蒙. 政府向社会组织购买公共服务研究——中国与全球经验分析[M]. 北京:北京大学出版社,2010.

80. 王静. 我国高校外语教育信息化政策发展研究[D]. 上海:上海外国语大学,2018.

81. 王笑寒,郑尚元. "时间银行"公益互助养老服务机制之法律关系界定与构造[J]. 山东大学学报(哲学社会科学版),2020(6):157-164.

82. 王泽淮. TIMEBANK 时间银行——社区志愿者服务的新形式[J]. 社区,2003(12):23.

83. 汪怡. 政府购买居家养老服务运行机制研究——以南京市为例[D]. 南京:南京师范大学,2015.

84. 王喜军. 我国志愿者保险制度研究[J]. 保险研究,2015(3):54-61.

85. 王春福. 政府执行力提升的内在机制——基于政策网络视角的分析[J]. 江西行政学院学报,2007,9(3):8-9.

86. 王永梅,王一笑. 我国时间储蓄助老服务的实践与制度探索[J]. 社会建设,2016,4(1):42-48.

87. 汪哲. 时间银行应用于社区互助养老的研究——基于积极老龄化的视角[D]. 北京:首都经济贸易大学,2017.

88. 吴振东,郭奕冲,吴梦甜,等. 论我国时间银行发展优势、原则与措施[C]//第三届北京大学老龄健康博士生论坛论文集,2018:78-88.

89. 吴光芸,方林敏. 我国异地医保政策的执行困境与破解:基于政策网络视角的分析[J]. 中国卫生经济,2018,37(4):5-7.

90. 魏娜. 我国志愿服务发展：成就、问题与展望[J]. 中国行政管理，2013(7)：64-67.

91. 温芳芳. 我国政府数据开放的政策体系构建研究[D]. 武汉：武汉大学，2019.

92. 徐小路. 我国公共政策制定过程中的价值取向分析[D]. 南京：南京师范大学，2013.

93. 许聪. 城市社区"时间银行"互助养老服务发展困境与对策研究——基于开封市 Y 社区的调研[D]. 开封：河南大学，2019.

94. 夏辛萍. 时间银行：城市社区养老服务的新模式[J]. 中国老年学杂志，2014，34(5)：2905-2907.

95. 夏辛萍. 中国互助养老"时间银行"本土化发展历程及经验反思[J]. 中国老年学杂志，2017，37(11)：5723-5725.

96. 许加明. "时间银行"模式应用于居家养老互助服务的思考[J]. 社会工作，2015(1)：74-80.

97. 徐媛媛. 基于时间银行的城市社区互助养老模式研究——以淄博市为例[D]. 济南：山东财经大学，2017.

98. 解群. 中国高校对口支援政策分析[D]. 上海：华东师范大学，2012.

99. 熊俊峰. 大学教师薪酬结构研究[D]. 武汉：华中科技大学，2014.

100. 薛栋. 治理理论视角下我国空巢老人养老问题研究[D]. 延安：延安大学，2018.

101. 徐颖艺. 城市独居老人精神慰藉的个案工作研究[D]. 苏州：苏州大学，2019.

102. 小约瑟夫·斯图尔特，戴维·M. 赫齐. 公共政策导论[M]. 韩红，译. 北京：中国人民大学出版社，2011.

103. 约翰·W. 金登. 议程、备选方案与公共政策[M]. 丁煌，方兴，译. 北京：中国人民大学出版社，2004.

104. 杨溢群，卢笛声. Policy network theory and it's application in the Chinese governance[J]. 社会科学前沿，2020，9(10)：1614-1623.

105. 虞维华. 从"志愿失灵"到危机：萨拉蒙非营利组织研究疏议[J]. 行政论坛，2006(2)：91-95.

106. 杨帆, 曹艳春. 基于社会交换理论的我国时间银行养老服务模式影响因素分析[J]. 东北大学学报(社会科学版), 2019, 21(4): 381-387.

107. 周海旺, 沈妍. 老龄化时代城市养老的时间储蓄与公益志愿——以上海为例[J]. 上海城市管理, 2013(1): 71-77.

108. 周树志. 论公共政策范畴[J]. 西北大学学报(哲学社会科学版), 1999(4): 3-5.

109. 周晓中. 政策概念的再探讨——兼论政策与路线、方针的关系[J]. 理论探讨, 1987(5): 39-42.

110. 周恩毅, 胡金荣. 网络公民参与: 政策网络理论的分析框架[J]. 中国行政管理, 2014(11): 100-103.

111. 张琦. 中国独居老人养老问题研究[D]. 大连: 东北财经大学, 2018.

112. 张文超, 杨华磊. 我国"时间银行"互助养老的发展现状、存在问题及对策建议[J]. 南方金融, 2019(3): 33-41.

113. 张祎. 跨国企业合法性获取策略的多案例研究——以中国消费品行业在华美资企业为例[D]. 沈阳: 东北大学, 2015.

114. 张英. 天津市时间银行式互助养老服务制度研究[D]. 天津: 天津财经大学, 2016.

115. 张新宁. 有效市场和有为政府有机结合——破解"市场失灵"的中国方案[J]. 上海经济研究, 2021(1): 5-14.

116. 张洁. 时间银行视角下农村互助养老机制探索——以陕西 Y 县为例[J]. 生产力研究, 2020(4): 65-69.

117. 张晨寒, 李玲玉. 时间银行: 居家养老服务模式的新探索[J]. 河南师范大学学报(哲学社会科学版), 2016, 43(5): 80-85.

118. 朱亚鹏. 公共政策过程研究: 理论与实践[M]. 北京: 中央编译出版社, 2013.

119. 朱丽娟, 邱梦华. 城市互助养老模式及运行机制比较研究[J]. 改革与战略, 2019, 35(7): 1-8.

120. 曾令发. 政策溪流: 议程设立的多源流分析——约翰·W. 金登的政策理论述评[J]. 理论探讨, 2007(3): 136-139.

121. 赵思凡. "时间银行"引入互助养老服务的实现路径研究[D]. 西

安：西北大学,2017.

122. 庄云. 城市独居老人的社会支持研究——以济南市 S 社区为例 [D]. 济南：山东大学,2014.

123. BENSIN K J. A framework for policy analysis[M]. Ames：Iowa State University Press,1982.

124. AMANATIDOU E,GRITZAS G,KAVOULAKOS K I. Time banks,co-production and foresight：intertwined towards an alternative future[J]. Foresight,2015,17(4)：308-331.

125. CAHN E S. Time dollars,work and community：from'why?'to 'why not?'[J]. Futures,1999,31(5)：499-509.

126. CAHN E S. Co-Producing Justice：The New Imperative[J]. University of the District of Columbia Law Review,2000(5)：105-124.

127. CAHN E S,GRAY C. The time banks solution[J]. Stanford Social Innovation Review,2015,13(3)：41-43.

128. CARROLL J M,SHIH P C,HAN K,et al. Coordinating community cooperation：integrating time banks and nonprofit volunteering by design[J]. International Journal of Design,2017,11(1)：51-63.

129. GIYNOS J, SPEED E. Varieties of co-production in public services：time banks in a UK health policy context[J]. Critical Policy Studies,2012,6(4)：402-433.

130. GREGORY L. Spending time locally：the benefit of time banks for local economies[J]. Local Economy,2009,24(4)：323-333.

131. GREGORY L. Improving health through participation：time banks as a site for co-production[D]. Cardiff：Cardiff University,2012.

132. HAN K,SHIH P. C,BRLLOTTI V,et al. It's time there was an app for that too：a usability study of mobile timebanking[J]. International Journal of Mobile Human Computer Interaction,2015,7(2)，1-22.

133. MARKS M B. Time banking service exchange systems：A review of the research and policy and practice implications in support of youth in transition[J]. Children and Youth Services Review,2012,34(7)：1230-1236.

134. PAPAOIKONOMOU E,CARMEN V. The institutionalization of alternative economies: the processes of objectification in time banks [J]. Journal of Macromarketing,2017(1):1-46.

135. PEARSON O. Co-producing the school: a case study of youth participation in time banking[D]. Cardiff:Cardiff University,2015.

136. SEYFANG G. Time on our side: Time banks and active citizenship[J]. New Economy,2002,9(4):242-247.

137. SEYFANG G. Growing cohesive communities one favour at a time: Social exclusion,active citizenship and time banks[J]. International Journal of Urban and Regional Research,2003,27(3):699-706.

138. SEYFANG G. Working Outside the Box:Community Currencies,Time Banks and Social Inclusion[J]. Journal of Social Policy,2004, 33(1):49-71.

139. SEYFANG G. Harnessing the potential of the social economy? Time banks and UK public policy[J]. International Journal of Sociology and Social Policy,2006,26(9-10):430-443.

140. SHIH P C,BELLOTTI V,HAN K,et al. Unequal time for unequal value: implications of differing motivations for participation in timebanking[C]. Conference on Human Factors in Computing Systems. ACM,Republic of Korea,2015(4):1075-1084.

141. SMITH R S. Hybridity and nonprofit organizations: the Research agenda [J]. American Behavioral Scientist, 2014, 58 (11): 1494-1508.

142. VALOR C,PAPAOIKONOMOU E. Time banking in Spain: Exploring their structure,management and users'profile[J]. Revista Internacional de Sociología,2016,74(1):1-15.

143. VALEK L. The time bank implementation and governance: is PRINCE 2 Suitable? [J]. Procedia Technology,2014(16):950-956.

144. VALEK L. The difference in understanding of time banking in various contexts[C]. 6th LUMEN International Conference:Rethinking Social Action. Iasi,Romania:2015:1-6.

附　　录

一、访谈提纲

(一)政府访谈提纲

1.制定"时间银行"互助养老公共政策前我市在养老问题上遇到了哪些挑战?

2.以"时间银行"来解决养老问题基于哪些方面的原因?有没有政策在其中起到了引导作用?

3.政府和民政局的领导对"时间银行"互助养老公共政策提出过哪些要求与建议?

4.哪些部门推动了"时间银行"互助养老公共政策的起草环节?各个部门提出了哪些意见和建议?

5.谁负责起草"时间银行"互助养老公共政策?大家是如何分工的?起草过程中是否听取了民众或者专家的意见?他们提出了哪些意见?

6."时间银行"互助养老公共政策从起草到最终定稿,经过了几轮讨论和修改?修改篇幅最大的是哪些方面的内容?

7."时间银行"互助养老公共政策从草稿到定稿是否经过了政府的相关议程?

8."时间银行"互助养老公共政策从起草稿到定稿是否进行过可行性评估?是怎样进行评估的?

9."时间银行"互助养老公共政策制定过程中遇到的最大的困难是什么?是怎样克服这些困难的?

10."时间银行"互助养老公共政策制定的基础有哪些?

11.您认为政策制定过程中还存在哪些不足?

12.政策制定后是如何进入执行环节的？克服了哪些困难？

13.政策正式执行过程前是否进行了试点？如果有,试点区域是怎样选择的？试点效果如何？

14.政策是依据何种原则执行的？

15.政策执行中有没有进行组织上的准备？如果有,是如何准备的？

16.政策执行中有没有进行准备？如果有,在哪些方面进行了准备？

17.政策执行中有没有进行宣传上的准备？如果有,是如何准备的？

18.政策执行中是否对政策内容进行了细化？是如何细化的？

19.政策执行中各部门是如何分工的？政府扮演了什么样的角色？

20.政策执行过程中是否建立了协调、监督与反馈机制？如果有,分别是由哪些部门负责？具体是怎样开展的？

21.政策执行过程中产生了哪些问题？是如何解决的？执行的效果如何？

22.您觉得在"时间银行"互助养老公共政策的执行过程中需要注意哪些问题？该如何解决？

23."时间银行"互助养老公共政策是否建立了评估机制？如果有,评估的标准与原则是什么？评估的环节有哪些？哪些人员参与了评估？评估的要素有哪些？

24.评估方案是否被充分论证过？

25.政策是否存在调整机制？如果有,调整的原则是什么？由谁来调整政策？哪些政策进行过调整？调整的原因是什么？

(二)社会组织访谈提纲

1.您是通过什么途径听说"时间银行"的？您认为什么是

"时间银行"？

2.政府部门邀请你们参与"时间银行"互助养老公共政策的起草,有经费或者其他方面的支持吗？政府部门为此提出过哪些要求与建议？

3.你们是如何起草"时间银行"互助养老公共政策的？有哪些人参与了政策的制定？是如何分工？

4.政策起草过程中有没有听取相关专家、民众的意见？

5."时间银行"互助养老公共政策的框架是如何确定的？是否有参考过其他政策？

6."时间银行"互助养老公共政策从起草到定稿,经过了哪几轮讨论？

7.除了"时间银行"互助养老公共政策,你们是否还起草了其他政策？如有,分别是哪些政策？这些政策与"时间银行"互助养老公共政策有无关系？

8.在"时间银行"互助养老公共政策的执行中,你们参与了哪些工作？

9.您觉得在"时间银行"互助养老公共政策的执行过程中是否存在问题？有哪些问题？如何解决这些问题？

10."时间银行"互助养老公共政策的执行分哪几个步骤？有哪些保障措施？

11."时间银行"互助养老公共政策是否建立了评估机制,是否制定了评估方案？如果有,分别是由谁来评估？评估有哪些程序？评估的目标、原则与内容分别是什么？

12."时间银行"互助养老公共政策是否存在调整机制？如果有,调整的原则是什么？

(三)"时间银行"服务机构访谈提纲

1.您听说过"时间银行"吗？您认为"时间银行"是什么？

2.政府是否对"时间银行"互助养老公共政策的执行进行了

培训? 培训效果如何?

3.您是否参与过"时间银行"互助养老公共政策的起草和制定工作? 如果有,承担了哪些工作?

4.您觉得当前"时间银行"互助养老公共政策在内容上是否满足了现实的要求? 存在哪些不足?

5.您觉得当前老年人和志愿者是否了解"时间银行"互助养老公共政策?

6.您所在的部门承担了"时间银行"互助养老公共政策执行中的哪些具体工作?

7.您觉得当前的"时间银行"互助养老公共政策是否需要完善? 如果需要,应该完善哪些内容?

8.您是否收到过民众对"时间银行"互助养老公共政策的反馈? 如果有,您是如何处理的?

9.对于"时间银行"互助养老公共政策的完善,您有什么建议?

二、访谈摘录

(一)与南京养老志愿服务联合会负责人S的谈话摘录

问:您第一次是从哪里听说时间银行的?

答:一开始我是通过网络进行搜索的。现阶段,我们养老行业的人才稀缺,仅仅通过学校培养的专业人才,难以缓解养老行业人才的供需矛盾,满足社会的需求。怎么解决这个问题? 我想通过招募志愿者应该可以缓解这种矛盾。但是如果仅靠志愿者的一腔热情,而没有激励措施,应该很难有效推动问题的解决。所以我就想,有没有一种方式能够"反哺"志愿者,例如把志愿服务的时间积累起来。当时我正处于研究生学习阶段,我导师的研究方向是社会学,他建议我考虑时间银行,于是我通过网络对时间银行进行了搜索,对时间银行有了比较清晰的了解。

问:您认为什么是时间银行?

答:我的理解是把时间存储起来,将来自己要用的时候能"取出来"用,就像存在银行卡里的钱一样,需要的时候我可以取出来用。

问:南京政府为什么会请你们参与时间银行政策的起草?

答:其实在南京是时间银行的实践在先,而不是起草政策在先。2012年,我们以某一社区为对象对时间银行进行了探索。为什么会选择这个社区? 因为它是以拆迁安置户为主的一个社区,情况很特殊。社区里的居民因为拆迁获得了拆迁款,手头比较宽裕,但是他们舍不得花钱,对养老的概念不太清晰。南京的养老工作存在两种情况:一是工作人员不足,缺乏提供上门服务的能力;二是老人对上门服务的依赖性很强。我们原先希望老人接受服务之后,会产生一些市场化的行为,比如购买服务等。但事实并非如此。后来我就想,有没有办法来改变这种情况呢?后来我想到了通过志愿者为老人提供服务的方法。居民对于志愿服务会产生一种感恩的心理,由此产生情感。如此一来,民政部门提供的志愿服务会得到更多居民的认可。我们基于此设计了第一个版本的时间银行制度,并提出凡是涉及物品和现金的兑换,都不能称为时间银行。因为时间银行的上位法是《志愿服务条例》,提供志愿服务是无偿的,时间只是作为一种激励和"反哺"的方法,而不是作为回报。如果要产生回报,那么上位法就是《劳动法》了。为了解决当时的问题,我们采用了"721"模式,并在2017年接受了央视的采访。"721"模式的实施很有成效,充分调动了志愿者参与时间银行志愿服务的积极性。这样,我们不需要再招聘专职人员为老人提供服务了。小区中的一些居民空闲时间比较多,他们自愿加入组织为老人提供服务。这样,整个社区志愿活动的活跃度便大大提高了。

我们在每个社区至少设立了一个时间银行服务点。虽然有了服务点，但服务人员明显不足，这种情况的存在有其必然性。2020年，养老专业的毕业生不足3 000人，养老市场人才的供需存在巨大的不平衡。养老行业的人才流动性很大，各个养老机构互相挖人，市场处于非健康发展状态。我在高校工作，寒暑假期间，经常开展志愿服务，非常希望自己能在缓解养老人才的供需矛盾方面做一些工作。我曾负责养老行业人才的培训和培养工作，从2013年开始，我参与了南京市养老规划等文件出台的相关工作，了解了养老行业未来发展的动向。就养老行业人才的培养规划，我向市局进行了汇报，市局非常支持我们成立专门的志愿服务组织。

但是，市局难以在资金上对我们成立志愿服务组织进行支持，我们只能自己去寻求支持。好在经市委的大力倡导，好几个区报名在时间银行领域进行尝试。最后，我们选择了被称为"首善之区"的鼓楼区，之所以选择该区，是因为省委省政府、一些高校在该区，资源比较丰富，居民的整体素养相对较高，对养老有一定的认知，接受新生事物的程度较高。值得庆幸的是，鼓楼区的领导非常支持这项工作。当时资金十分不足，我们能支配的资金只有八万元。好在很多费用，比如说服务点的建设费用、硬件配套费用等都是由鼓楼区自己支付的。

2019年5月，我们首次向全国民政系统展示了时间银行的相关工作，由分管省长介绍了南京时间银行开展的具体情况。之后，省里把时间银行作为一项重要工作来抓。正是因为有了政府的大力支持，南京的时间银行相关工作才有了这么好的一个基础。虽然该项工作由政府主导，但是老百姓还是会担心存进去的"时间"在若干年之后会有取不出来的风险。对此，南京市政府当时拿出了1 000万元的保底资金，作为时间银行专项基金。若有人中途想退出时间银行，可以获取10%的奖励。在此基础上,我们还设置了一项身份福利,志愿服务者能够凭借时间积分享受到一些社会福利,比如优先挂号、允许进入高校图书馆借阅图书等。从 2020 年开始,我们开始关注时间银行的全年龄段化和全行业化。这是一段艰难的实践之路。如果将时间银行的对象设定为高校学生或妇女、儿童,可能获得的关注度更高,推广起来更容易。将时间银行的对象定位于老人,存在诸多困难,比如老年人的思想相对固化,不容易接受新生事物。但是,众所周知,解决了养老问题,就解决了国家的一大难题。我国步入人口老龄化阶段之后,养老工作是维护国家稳定的重中之重。这项工作必须开展,而且要做好。时间银行工作的覆盖面很广,包括文明城市创建、垃圾分类等各个领域。在不同的领域都出现了时间银行志愿者的身影。农村是开展时间银行探索与实践的另一个方向。现有的时间银行可以通存通兑,包括双层或多层实体之间的互相通兑。当然,也存在一些问题,比如区域经济发展水平不一致,区域文化有所差异,导致不同区域的人对时间银行的接受程度不同,需求也不一样。在农村养老板块上,我们配备了专门的团队,进行全行业全年龄段的探索。

问:南京市出台了养老服务时间银行实施办法,这是一个总体性的方案,在总体的方案下制定了六个标准,对吧?请问你们这个团队参与这些政策的起草了吗?

答:我们团队参与了这些政策的起草,由政府进行最后的把关。

问:政府有没有给一些支持?比如通过政府购买的方式?

答:我们虽然在区级范围运营时间银行,但我们做的是全市范围的时间银行整体性调研。因此,市政府给了我们专项调研经费。

问:时间银行相关政策起草后,政府和民政局领导有没有提出过要求和建议?

答：有，而且还比较多。政策从起草到落地，经历了反反复复的几次过程。第一次我们确定的时间银行标准是时间兑换时间、服务兑换服务（以 1∶1 的比例），因为我们认为时间面前人人平等。将文件上交给市里以后，领导召集了一批专家，对我们第一个版本的文字材料进行了细致的审核。有专家提出建议：第一，时间的储蓄要有利息；第二，不同的民众，权重应不同。对于类似的建议，市民政局和市委、市政府分头找专家进行了论证。召开三次会议之后，领导还是决定采用我们最初设定的模式，因为他们认为时间银行的上位法是《志愿服务条例》。基本方向确定以后，后面的变化就不大了。

在初步的政策条款中，我们提出应将风险前置，让保险先行。因为志愿服务的过程存在不确定性，我们希望志愿服务者能没有顾虑地献爱心。购买保险是消除志愿服务者顾虑的一种解决方案。政府有可能购买这份保险吗？这是一笔不小的开支，尤其是按人头实名制购买保险，金额更是巨大。对此，政府有一定的顾虑。我们的方案是以订单量为依据购买责任险。这样，没有产生订单的时候，不需要支付费用。政府非常支持这种方案。

我们在完善系统的过程中遇到的问题是如何协调公安、发改委、工商等部门核实志愿者的基础信息，因为时间银行的这项工作增加了这些部门的工作量。好在市里非常重视这项工作，当我们遇到困难的时候，领导会协调相应的部门来开会解决问题。

问：在起草政策的过程中，有哪些人参与了具体的工作，是如何分工的？

答：有两部分人参与了这项工作。第一部分是专家和学者，包括高校的学者、养老行业的专家，以及记者等。第二部分是我们的实践团队，包括居家养老服务中心的负责人。实践团队成员进行调研后综合相关信息起草政策，之后反复讨论，形成初稿，提交给上级部门。

问：请问群众有参与这项工作并提出意见和建议吗？

答：当然有，政策的起草基于对群众的调研，政策内容是群众意见和建议的汇总和体现。

问：在政策的起草过程中，你们有没有对政策开展过程进行可行性评估？

答：我们没有请第三方组织来对政策开展过程进行可行性评估。但是，在标准落地之前，我们把文件送到了市民政局，民政局领导参与了最后的评估，进行了把关。

问：作为南京时间银行政策制定的重要参与人，您觉得在南京市时间银行政策的起草过程中存在哪些不足？应该怎么解决？

答：一方面，我们对政策在宣传上缺少整体的把控，宣传的力度还不够。目前为止，了解时间银行的人毕竟还是少数，需要加大行政力量，调动志愿者的积极性，对时间银行进行更大范围的宣传。另一方面，我们要加强人才的培训和培养。现在虽然开展了一些时间银行方面的培训，比如有些大学会开设护理、抢救、老年常见病方面的课程，志愿者可以免费进行学习，但效果不是很好，学员的积极性也不是很高，资源没有被真正有效地利用起来。

问：南京市时间银行政策的执行分哪几个步骤？

答：首先是区域性试点，之后拓展到全市，最后在全省的范围内实施。

问：在政策的执行中，政府和你们各自发挥了哪些作用？

答：政府主要发挥指导和监督的作用。南京成立了一个时间银行指导中心，具体的工作由我们来开展，主要包括运营区县及街道和社区的时间银行相关工作。

问：在政策的执行过程中你们遇到了哪些困难？

答：我们遇到的最大困难是经费问题，宣传经费不足，捆住了我们的手脚，我们只能"勒紧裤腰带"，"紧巴巴"地去开展工作。

问：对经费问题，您觉得应该怎么解决？

答：时间银行有1 000万元的专项资金及其产生的利息，这些费用其实可以用于时间银行的运营。

问：您觉得现在时间银行政策在南京的执行效果怎么样？

答：我觉得在时间银行政策落地的过程中，不同地方对它的重视程度是有差异的。农村地区对它的重视程度相对比较弱，认知程度不高。农村地区的相关数据有虚高的情况。有政协委员提出要在农村推广时间银行，省里要我们提供相关材料，根据农村上报的数据，城市的志愿者数量、服务对象数量远不及农村，但农村的订单量却不算多，农村志愿者的活跃度较低。它可能有3 000名志愿者，但只有100名是活跃志愿者。这不是我们希望看到的。

问：您觉得上面出现的问题，有没有好的解决方法？

答：我觉得上面的问题可以通过重新制定标准进行绩效考核来改变。现有的绩效考核以人数作为考核的标准，我觉得这不太合理。目前最需要的是改变人们的理念和思想。只有从思想上充分重视，对时间银行才能有更深刻的认识，才能更好地发挥时间银行的作用。

问：您觉得要加强人们对时间银行的认知与教育宣传，通过教育宣传机制来推动时间银行的发展，是吗？

答：对，我们这样设想：相关部门提供基础的免费培训，大家可以通过培训了解时间银行的相应政策。对于时间银行服务时间累计额比较多的志愿者，可以获得更高层次的专业培训。这样，就可能有更多的人愿意加入志愿服务中。

问：南京在起草、制定和执行时间银行政策的过程中，有没有建立评估机制或制定评估方案？

答：有，但不是三个环节都有评估。主要在执行的环节进行评估，我们邀请了第三方评估机构，评估的流程比较规范严格。

问：请问评估的指标有哪些？

答：第一是软硬件的配备，包括硬件的统一标识、人员的培训等。第二是服务的标准，包括上门服务的问候语、上门服务的工作流程等。针对服务点，我们还专门设定了考核指标，包括在媒体上发表文章的数量，提出修改意见的数量，新增加的志愿者数量等。

问：评估委员会由哪些人员组成？

答：评估委员会的成员来自政府、消防、公安、养老等各部门和机构。

问：评估过程中有没有民众参与？

答：有。我们会邀请普通民众参与问卷调查，向他们征求意见，收集反馈意见，了解民众对服务质量、服务态度等的满意程度。

问：你们在时间银行服务的开展过程中有没有考虑过风险问题？

答：有，在标准中有一个章节的内容是专门针对风险进行风险防控的。

问：咱们的政策有没有一个调整机制？

答：有，现在的政策已经从1.0版调整到2.0版。

问：政策调整的原则是什么？

答：以老人的需求为出发点，以保障志愿者的权益为立足点。

问：政策调整的信息是如何收集上来的？

答：我们通过实地调研或者设计调查问卷来收集相关信息，

请民众针对时间银行系统运营的情况进行反馈,汇总相关信息后进行详细的分析,及时完善和调整时间银行相关政策,促进时间银行的进一步发展。

(二)与青岛市时间银行管理中心负责人 C 的谈话摘录

问:请问您是通过何种途径知晓时间银行的? 您认为什么是时间银行?

答:我最早是通过网络知道时间银行的。我最初把时间银行理解为公益性的互助养老。经过实践后,我发现时间银行不仅是一种互助行为,也是一种志愿服务,是一种很好的养老方式。至于时间银行能走多远,还需要一步步去实践和探索。

问:政府部门请你们参与时间银行政策起草的原因是什么?

答:目前,国内时间银行做得最好的城市是南京,南京的时间银行其实由我们的团队在运营。青岛时间银行的运行,吸取了南京时间银行运行的经验,少走了一些弯路。当然,青岛时间银行的运行,有自己的一些特色和亮点。政府之所以请我们参与时间银行政策的起草,可能是基于我们团队有一定的时间银行运行经验,相信我们团队能把这件事情做好。

问:青岛市政府是以政府购买的形式请你们提供服务的,是吗?

答:对。

问:你们起草时间银行政策的团队是如何组成的?

答:我们专门成立了一个政策制定小组,青岛市民政养老服务处领导是组长,我们会长是副组长。团队成员在不断的沟通和交流中建立政策框架,并一点点完善。

问:在起草时间银行政策的过程中,你们有没有听过专家或者民众的一些意见,或者参考过其他的相关政策?

答:有。我们借鉴了南京的时间银行政策,这样可以少走弯路,吸收他们的经验,而且我们和青岛每一个区的相关部门进行了沟通和交流,听取了他们的意见。

问:时间银行政策从草稿到最终的定稿,经过几轮的变化?最大的修改之处在哪里?

答:没什么太多的修改。政策框架是会长和相关领导在一起认真讨论后确定的,大方向确定以后,只对一些细枝末节进行了微调。

问:您觉得在政策制定过程当中最大的困难是什么?是怎么克服的?

答:在政策制定过程中,没有出现太多的困难,因为对可能出现的困难,我们和政府部门充分讨论过应对措施,政府对时间银行政策的实施大力支持,阻力相对较小。

问:在政策执行前有政策试点,咱们这边有参与这些工作吗?

答:全程参与。

问:具体做了哪些工作?

答:主要是政策的宣传工作。时间银行的政策需要进行宣传,深入到每一个区、每一个街道,根据每个区和街道的特点,进行有针对性的宣传,提升志愿者对时间银行的认知,引导志愿者为老人提供更完善的服务。

问:您能谈一谈政策执行环节咱们中心具体负责哪些方面的工作吗?

答:第一是组织培训工作,我们深入福利院、残联、慈善总会、老干部局等组织机构去开展培训,引导志愿者参与时间银行的相关工作,成为时间银行志愿者。第二是建立时间银行网点。目前,青岛相关部门正在制作一个有关养老机构服务的小程序。我们期望把时间银行的网点也录入其中,便于老人知晓哪些机构能满足相应的养老需求,哪些机构可以提供时间银行的志愿服务。第三是宣传工作。我们将借助一些节假日(比如重阳节)组织一些线上或者线下的大型活动,开展时间银行的一些宣传。青岛相关部门开通了互助养老的公众号以及视频号,专门进行时间银行的宣传。下一步我们计划对青岛和南京时间银行的相关工作进行双重联动,在共同的平台上发布相关信息,提升人们对时间银行的认知度。

问:从时间银行的培训这个角度来看,您觉得有没有什么问题?

答:培训和指导是我们日常的一项工作,我们会把培训工作常态化,作为规定性动作。不论哪一个街道或者哪一个社区有时间银行的需求,我们都会第一时间进行安排,通过线上或者线下的方式进行培训和指导。

问:您觉得目前在时间银行的宣传方面有没有什么问题?

答:对于时间银行的宣传,市局开过一次新闻发布会,中央电视台还做了一期专访,但我们担心这种宣传的热度难以持续,毕竟时间银行的相关工作需要持续性进行。我们现在主要通过自媒体、公众号、短视频等进行时间银行的宣传,宣传的方式和内容具有一定的持续性,比如,在宣传时间银行的同时,我们会设置一些贴近生活和实用的板块,吸引老人持续关注,如这一期我们教老人如何使用微信,下一期我们教老人如何刷抖音,再下一期我们教老人如何购买火车票,等等。

问:在时间银行政策的执行过程中,咱们遇到了哪些问题,是如何解决的?

答:我们现在遇到的最大困难是各个区对时间银行的理解程度不一样。它会导致时间银行工作开展的进度和效果不同,解决这个问题,需要一个过程。

问:您觉得目前时间银行政策执行的效果怎么样?

答:总体上来说目前时间银行政策的执行效果好于我的预

期。我们没有想到时间银行工作能推进得这么顺利,这一方面归功于领导的重视和支持,另一方面与我们的充分调研有很大关系。我们希望在时间银行工作的推动过程中,有更多的力量来干预,包括加大宣传的力度,建立完善的监督考核体系等。

问:您觉得时间银行政策的贯彻与执行应该由政府负责,还是由社会组织来主导?

答:就我的理解而言,时间银行政策应借助社会力量来贯彻和执行,包括志愿者组织、公益组织,以及社会养老机构等。这项工作的推进是多方配合的结果。当然,政府在这个过程中应该起到主导性作用,是此项工作开展的重要推动力量。

问:如果对时间银行政策进行评估,您觉得应该关注哪些方面?

答:我觉得首先要进行风险控制。时间银行的相关信息应该录入社保系统,由公安部门对人员的信息进行审核,在增强时间银行信息可信度的同时提高服务对象对时间银行的认知度。其次要关注政策标准的制定,比如对服务对象条件的规定,要充分考虑实际情况,比如政策规定满足条件的服务对象年龄在65周岁以上,而有一些65周岁以下的退休人群也有需求,制定政策的过程中应充分考虑这样的情况,既规定硬性的条件,也体现人性化的温情,不采用单纯的"一刀切"形式。具体来说,可以这样来制定政策内容,比如设定10项条件,符合其中的5项,就可以享受时间银行的福利。

问:您觉得时间银行政策执行情况的评估应该由谁来做?

答:我觉得应该由第三方来评估时间银行政策的执行情况。当然,这需要有一定的经费支持,而这种支持主要来自政府,政府的支持力度往往决定时间银行工作推进的进度和速度。

问:您觉得在评估环节需要有专家和民众参与进来吗?

答:这个肯定是需要的,专家和民众的评价是对时间银行政策的合理化响应,有利于检验时间银行政策制定得合理与否,并根据具体的反馈对政策进行相应的调整。

问:您觉得当前的时间银行政策是否还需要调整? 如果需要,调整哪些内容?

答:我认为就目前的时间银行政策而言,风险控制的相关内容需要纳入政策中。

因为开展志愿活动的时候,会产生很多不可控的风险因素,比如志愿者给老人提供服务期间,万一老人摔跤了,该如何进行责任划分和界定? 就这样的情况而言,相关部门可以把保险纳入解决问题的方案。在政策制定的过程中,应该尽量考虑这些不可控的因素,以防出现问题后因没有政策性依据而难以解决。

另外,时间银行政策的宣传需要政府的大力支持,否则,宣传工作将难以持续,民众也难以对时间银行有深入的了解。

后　记

　　我与"时间银行"的相逢要感谢北京大学人口研究所的陈功教授,他是我的导师。早在1998年,他就开始关注与研究"时间银行"。在北大求学期间,我追随陈功先生参加过其"时间银行"国家社科基金重大项目、"时间银行"横向课题共计6个项目,起草过"时间银行"研究报告13篇、政府内参4篇,参与过"时间银行"5本英文书籍的翻译,系统整理了国内外"时间银行"的学术资料,主持参与了两轮"时间银行"的全国性调研。2019年,我在牛津大学访学期间专门开展了英国"时间银行"的调研,后发表了与"时间银行"相关的论文5篇。此外,在陈功先生的带领下,我又着手参与创立了中国老年学和老年医学学会志愿与公益分会,推进中国"时间银行"事业的发展,并邀请"时间银行"概念提出者埃德加·卡恩以及英国"时间银行"机构负责人萨拉博德女士共同成立了全球"时间银行"联盟,力求在全球化互助养老助残事业中唱响中国声音、展现中国力量。陈功先生常强调"在干中学",劝诫我们"不要无目的地看书,北大图书馆几百万册书,你一辈子都看不完,要在实践中发现问题,针对性地看书,学以致用,不要做空理论、假学问,要在实践中检验学识"。近年来,在先生的不断号召下,一大批学者、爱心人士开始关注"时间银行";在先生的努力下,冰封近20年的"时间银行"被逐渐推向前台。

　　2019年,国务院出台了《国家积极应对人口老龄化中长期规划》,该规划一共有23个评价指标,其中"时间银行"指标有两个,说明"时间银行"获得了国家层面的认可。部分城市相继出台"时间银行"公共政策,并在全市范围内开展"时间银行"互助养老。2021 年 9 月，中国老年学和老年医学学会授予北京大学人口研究所"全国时间银行研究与实践基地"称号。与此同时，由中国红十字基金会委托北京大学人口研究所编写的《中国时间银行发展研究报告》正式发布，这一报告是国内首个全国性的"时间银行"发展研究报告。之后，国内多个地方开始了"时间银行"的试点。

在"时间银行"的理论研究方面，2023 年，我主持的以"时间银行"为主题的研究项目获批国家社科基金项目，并获得了北京大学武汉人工智能研究院的资助，在武汉市东湖高新区水运社区、武汉理工大学东社区等地方开展"时间银行"实践，形成了图书、专利、论文、报告、内参等一系列研究成果，一大批"时间银行"理论研究者、实践工作者从团队走出，走向全国各地。

此书的出版得到了湖北省公益学术著作出版专项资金的资助，以及国家社科基金"社区货币视角下我国老年人力资源开发和社会参与的机制构建及效果评估""武汉东湖新技术开发区国家智能社会治理实验综合基金——北京大学开发课题"的支持。

8 年前，我在时间的长河中种下了"时间银行"这颗"种子"，我希望给予时间以生命，给予时间以价值。如今，我的时间"种子"已经发芽，他是我夫人汪洋博士赠予我的最伟大的"果实"——我的儿子吴博允，此书是时间的馈赠，更是我给博允的第一份礼物。

吴振东

2024 年 5 月 20 日于马房山